中国宪法文化丛书

丛书主编 陈晓枫

构建单一制国家："单一制例外"的历史整合

张颖 著

WUHAN UNIVERSITY PRESS
武汉大学出版社

图书在版编目(CIP)数据

构建单一制国家:"单一制例外"的历史整合/张颖著 . —武汉:武汉
大学出版社,2013.11
中国宪法文化丛书/陈晓枫主编
 ISBN 978-7-307-11774-7

Ⅰ.构…　Ⅱ.张…　Ⅲ.政治制度—研究—中国　Ⅳ.D621

中国版本图书馆 CIP 数据核字(2013)第 224806 号

责任编辑:郭园园　　　责任校对:鄢春梅　　　版式设计:韩闻锦

出版发行:**武汉大学出版社**　(430072　武昌　珞珈山)
　　　　　(电子邮件:cbs22@ whu. edu. cn　网址:www. wdp. whu. edu. cn)
印刷:武汉中远印务有限公司
开本:720×1000　1/16　印张:13　字数:185 千字　插页:1
版次:2013 年 11 月第 1 版　　　2013 年 11 月第 1 次印刷
ISBN 978-7-307-11774-7　　　定价:32.00 元

序　言
宪法与文化的交集

相对于诸多历史悠久的法律而言，宪法并不是自古就有的。

宪法产生于一种文化，即"古希腊——罗马——欧美文化圈"的文化。宪法在这种文化中历经历史沉淀，聚合创新，超越原有的文明成果而产生。古代希腊的学者在考察过一百多个城邦政制之后，得出来的结论认为，在一系列的国家法律制度之中，存在着一种最为基础的政治法律原则，并且在这个原则之上，还存在着普遍的、永恒的"自然法则"。这是"基本法"的理念的最为初始的内涵，也是这个概念最为基础的文化底蕴。之后在征战频仍的欧洲中世纪，各城邦国家大多承用了基本法的设计；同时在教会法的遮掩下，自然法的部分理念披着神学外衣也留存沿袭下来。当古代简单的商品经济发展为繁荣的经济贸易和规模化的手工业工场时，不同的经济主体为了确保自己的经济利益，开始在政治上要求参与政权，实现法治。代表这个利益群体的思想家们，格劳秀斯、洛克、孟德斯鸠和卢梭，毫不犹豫地扬起基本法理念的旗帜，并将之充分演绎、丰富论证，定准为国家根本法。在基本法这个理念之上，从法效力而论，他们论证存在着一种自然状态，基本法是从中析分出来的社会契约；在基本法自身的构架之中，他们为防止权贵篡改基本法而侵占市民阶层的利益，在其中填加进了人民主权的原则、分权制衡的原则、法治原则和人权原则；在基本法的下位，为了阻止部门法律对基本法僭越而毁损利益安排的秩序，他们添加了基本法效力最高，基本法设置保障，设立合法性审查制度和秩序正义原则。呼应着这些主张和创制的价值理念：民主、自由、平等、人权和传播这些观念的法理学说，风靡了整个欧洲和北美大陆。基本法羽翼丰满，一飞冲天。它聚合了传统的文化理念，超越古代文明成果，生成为宪法，在英、法、美等主要资本主义国家横空出世。

宪法作为海商文明圈文化因子沉淀聚合的成果，自从其创生之始，就包含着与生俱来的文化预设。宪法具有基本法的功能，首先是来自于法律的效力可分为不同层级的理念，即有些法律的效力从属于另外一部法律，当两者的效力在认知上发生冲突时，相冲突的这部分法律因为被识别出来而归于无效。其次，宪法作为根本法，又一方面具有母法的意义，从它的授权中析分和产生出各部门法律；另一方面宪法作为根本法高居于强制性行为规范体系的顶端，监督着各部门法的构建与运行，一旦识别出异己的制度或事件，根本法就启用自身设定的矫正系统，宣告撤销违宪的制度，或者宣告行为违法无效。同时，这个矫正系统不归属于任何一个政党、一个政权或一个领袖，它独立于政权体系之外。宪法虽然独居于众法之上，但却要折服在理性——自然法则之下。在理性原则面前，宪法自身必须是良法，其最根本的特征是，在设置一个权力时，必定设有另一个对它享有审查撤销权的权力；而且它的自身，以保障人权为最终价值归依。最后，除了法律分有层级以外，民主也富有层级。人民的意愿可以在一个层级或几个层级上，经过某一个程序而由被选举出来的少数人来代表，而决定这种实质性权力的关键，是选举程序的正当与真实。

不难寻查出，关于法律具有效力层级的理念，是出自于希腊城邦政制与自然法则关系；关于权力的制衡监督，是来自古希腊的氏族、胞族到合列部族的规则以及古罗马的库里亚制度；关于基本法律应该并具母法、根本法效力的设定，则来自于欧洲中世纪城邦国家制度的构建；至于通过了选举这道魔咒之后，被选举人的主张就完全可以视同为选举人群体的一体主张，则起自于梭伦设创四百人大会以降，延及于整个欧洲古代、中世纪和近现代史中的政治法律规则。简而言之，这都具有悠久的历史传承和广泛的文化认同。具有这一类想法的民族一定是在古希腊之前更早的历史阶段，就寻找过通过一种妥协，来合并氏族、胞部以致最后走向部族的路径。因为这一类想法的关键之处，就是缺位了一个最终的统一者，大家都在平等的契约主体地位上，来分摊权力。如果把这一类想法归结为文化的话，那么这类文化基因的起点，至少应在一万年之前。

这便是中国人移植宪法研习宪学的难处。

中国的法学人一般疏于理解文化学的原理。他们习惯于将文化理解为文明成果的积累，并在此意义上将之划分为观念文化、行为文化和制度文化；他们不认同文化是整合观念、行为与制度的；不认同文化是价值理念中具有指令作用的观念体系；不认同文化是支配了制度构建、理论特征和实施机制的关键因素。因此，他们把来自一种特定文化的宪法中的基本特征，归结为宪法历史的范畴，是宪法发展中的历史现象；而不去理解无论表层的制度和学说怎么变幻，在深层之中文化基因能以一贯之地支配着宪法。中国法学人中出现的这种现象，表现出他的研究自身就是宪法学说中的一种文化现象，是中国学人在宪法上拒绝与西方文化重构的表现，进而将宪法基因和特征的问题，指称为是历史范畴问题：时间上它已经被超越了。

中国人习宪法治宪学的艰难困苦之处，或就在于忽视了宪法本身是一个文化现象，一个原不属于中华文明圈的文化现象。

中国人以宗法拟制扩族为国。夏有钧台作享，商有景亳之命，周初封邦建国。这种建国方式中，虽然也有诸侯、方伯参与其间的盟、誓、会、享仪式，这些仪式也可以认为是建国的契约，然而显著不同于古希腊罗马的地方，就是这种仪式或契约的目的，在于确定共尊天下的君主，而不是确定权力析分与制约关系。自此往下，秦汉又包吞八荒之后，中国人的法思维中，没有基本法、母法、根本法的概念，一切事物，权制一断于君。法律的形式，律令格式比而已。设想法有位阶的效力层级，再引申出基本法的保障，并对无效法令审查和宣告，设置法定权力，则必设定监督制衡等种种宪法体系构成的要素，因天子君权独大，得便宜行事，都成为构建缺位，且无构建必要的事项了。

中国人自1840年后放眼看世界，开始仿习西方列强。从制夷器，师夷制，习西学，仿西政，最后走向移植宪法。但自仿行宪政开始，中国其实并没有发达的市场经济；没有经济利益的独立主体去寻求制度性安排的诉求；没有社会中各阶层，需按宪法配置的动议。中国人立宪的精力，集中于中国官制改革，央地权力关系，以及救亡图存目的，之后终于指向驱逐鞑虏，振兴中华的建国方略。宪法是自上而下的诏令朱批，是军阀逐鹿之后的册封大典，是党治训政的权力宣言。凡此种种又都是中国法律传统与西宪西学在文化上的悖反。很长时间以来，中国人中的领袖、官员、学人、庶民，都没有意识到移植宪法的根本，是中断中国的法文化传承，并结合宪制自主重构中国的法文化，特别是宪法文化。

但是当文化的表层制度变迁，与深层的理念发生尖锐冲突时，重构是一个必然的规律，并不以人们是否秉持自主意志为转移。中国人用"中体西用"的结构主义智慧，将宪法文化的主要内容，改造成为我所用的体系。其中制度体系逐渐演化成大法虚置的传统典册，权力体系逐渐收集为一元权力至上的传统取向，保障体系逐渐剥离出部门法各行其是；知识体系则逐渐填充进改造过的新儒学学说。宪法文本渐次浪漫化，甚至有 1923 宪法那样的完美文本；宪法实施则渐次虚置化，中国长期不设置违宪审查的机构。

当这些宪法文化问题被列入研究课题之时，笔者正在宪法学家何华辉先生门下，攻读宪法学的博士学位。学位论文慨然命笔撰为：中国宪法文化研究。十五载春秋，过隙如驹。彼时至今，武汉大学法学院宪法行政法学团队指导的博士论文中，攻研宪法文化方向者，积有三十余篇，内容广泛涉及从社会到思潮，从思潮到制宪，从文本到实施，从权利到权力。论文虽然写作时间不一，但立场基本是一致的：探研中国宪法在文化上的建构。学生离校，各执其业，很多论文在汇集本编丛书时，都已经出版面世了。现有的几部著作，虽不能集全十五年来本校在此专业方向上的论文建设成果，但也分别关涉中国宪法的知识体系问题，主权的大权化来源，中央国家机关的重构，权力的变迁机制，以及部分具体制度上的中国宪法文化重构。寥寥数本，可窥豹斑，大致表达出这个丛书作者们致志达到的认知水平。

期盼这些成果能裨益于中国宪法文化的研究，能够共襄中国宪法研究大业。

陈晓枫

2013 年 6 月 10 日

目　　录

导　论

单一制是包括中国在内，世界上绝大多数国家采取的权力结构形式。可是单一制理论却远未能对多样性的制度形态进行系统概括，遑论为实践提供规律指引。于是在现实层面，这个在理论上被抽象为"金字塔"状的"纯粹"授权式权力结构，却在不同的国家中千差万别。可以说，没有两个单一制国家在制度形态上是相同的，甚至同一个单一制国家内，也难以找到两个完全同一的次国家单位。

不解决单一制国家权力结构形式发展中这种理论基础"缺失"的问题，直接的后果就是它们在发展过程中会面临无序化的危险。

这是一个很现实的挑战，它对当代立宪主义国家发展的全过程，从制度设计、实践到价值追求等各个环节，都构成了根本制约。

任何政权都必须经过分解才能在一定范围内的社会中建立起支配结构。所以，除了新加坡和梵蒂冈等极为少数国家以外，中央政权和次国家单位之间的关系模式，既构成了统一主权意志实现的组织载体，又构成了次国家单位这个更小范围的社会共同体，在更接近个体和能够更大范围容纳本单位内个体权利意志等意义上，赖以整合民主意志的渠道和机制。

当然，现在更加流行的趋势，是根据提倡"权利"自主建制化而不是促进"权力"支配结构完善的范式来讨论立宪主义这种模式的国家发展，以及在此模式下的社会发展。

然而，暂时抛开立宪主义这个特殊历史阶段的国家模式，从政治国家这个更大的语境出发，必须认识到：自人类在社会有组织化生活伊始，从其本性作为"一个政治动物"[1] 的存在，它就借助于国家

----

① ［古希腊］亚里士多德：《政治学》，吴寿彭 译，商务印书馆 1965 年版，第 7 页。

这个产生于、日益与之分离且又凌驾于社会之上的组织来避免自己因为"陷入了不可解决的自我矛盾"而"不致在无谓的斗争中把自己和社会消灭",把基于个体化差异而产生的可能分裂、冲突"保持在'秩序'的范围以内"。既然始终处于政治国家的语境下,更现实的思路不若正视"国家的本质特征,是和人民大众分离的公共权力"。① 即使是立宪主义国家,它所依靠的仍然是权力。在这种条件下,与其片面地恐惧"利维坦"成为现实而一味地提倡权利自主建制化太限制权力,不如关注政治国家通过特定权力结构形态建立起的社会支配结构,以及它们为权利发展与实现提供的基础性结构条件,更充分地利用权力这种"必要的恶"。这也是为什么要重新关注单一制的重要原因,不只是因为它在理论上存在缺失,更重要的是这种理论缺失在实践中,其权力支配结构的发展无序化,直接使权利难以获得有序的实现和发展平台。

所以,在单一制权力体制下,要讨论权利之前,我们更需要首先关注的这种权力结构形态的发展原理,这正是本书试图解答的问题。解答的思维进路来自于梅因的启发,通过梳理古代法的源流,特定权力体制在规范形态上的表达实际上表述了一种"从坟墓中统治"的选择结果。而德国历史法学派的鼻祖萨维尼则指出:"在人类信史展开的最为古老的时代,可以看出,法律已然秉有自身的特性,其为一定民族所特有,如同其语言、行为方式和基本的社会组织特征。"②

那么,对当代立宪主义国家构建单一制这种权力结构的法律制度形态,这里作了这样一种前提的设论:当代民族国家是在历史源流中,逐渐选择了单一制这种权力结构来构建统一主权国家对全社会范围的支配。在对历史源流的梳理中,会进一步发现:具体在不同层级和不同范围的次国家单位内选择什么形态建立起对社会的支配结构,

---

① 参见〔德〕恩格斯:《家庭、私有制和国家的起源》,人民出版社 1999 年版,第 121、176-177 页。

② 〔德〕萨维尼:《论立法与法学的当代使命》,许章润 译,中国法制出版社 2001 年版,第 7 页。

从支配结构的微观形态来观察，与其说统一中央政权在授权逻辑中充分实践了理性构建主义，毋宁说它是在了历史沉淀的基础上实现了一种整合式的妥协——恰如哈耶克所说："秩序并非一种从外部强加给社会的压力，而是一种从内部建立起来的平衡。"①

对历史的梳理，即希望通过展开这种内部达致平衡的秩序化过程，能够重现单一制国家权力支配结构构建原理的作用机制。

一、切入问题：并非构建理性的单一制

单一制国家权力支配结构的制度形成与发展，一般涉及两个领域的命题：第一，国家构建问题，即统一国家如何建立起唯一主权权威单位对全社会范围的支配；虽然从历史的角度看，这种支配属于"生成性"的，但进入当代经由制度规范对"生成"状态予以表达，就呈现出"构建性"的色彩。第二，纵向权力配置问题，即统一主权单位在内部实行权力的分解和配置所应遵循的原则、规则；表面上看，各次国家单位都是根据唯一代表主权权威的中央政权统一行使主权性权力，根据需要进行不同层级和不同范围的划分从而产生的结果，然后中央分别配置权力，建立起纵向权力体制，作为统一主权在全社会范围内实现支配的组织载体。

形式上，无论从哪个命题看，单一制这种支配社会的权力结构形式，都仿佛是中央政权单方意志主导下的主权构建行为。但事实是，没有一个国家真正是完全由建构理性缔造起来的，尤其是单一制国家。从已知的历史来看，最接近"构建国家"的例子是联邦制的美国——而且，这里的国家构建也仅仅限于指称"政治国家"的制度设计，"隐藏"在政治国家权力体制构建这个规范程序背后的，是已经获得政治自觉的民族国家以及其他具有自觉性的社会共同体，它们才是真正的国家构建者，但它们本身却都并非理性构建的产物，而是

---

① ［英］弗里德里希·冯·哈耶克：《自由秩序原理》（上），邓正来 译，三联书店 1997 年版，第 183 页。

被作为一种事实"预设"的存在，被"当然"引入到了这个构建的规范程序中。回到单一制，这个问题更加突出：当代单一制在政治权力体制的构建之初，都已经"不自觉"地设定了一个既已存在的主体，即民族国家和具有类似主体自觉性的社会共同体，它们被"想当然"地看做是实践构建主义理性、选择单一制的主体，并"自然"地转化为单一制下统一政权支配的对象。此时，即使有人民主权或人民制宪权等学说，用"人民"贯通了先国家状态即存在的个体和基于政治缔一体的"人民"同意或决断而构建起来的政治国家，用来表述构建的主体身份始终是连续存在的，然而怎么从个体到人民，这个问题却被忽略不计。导致的直接后果就是整个政治国家和民族国家在此处发生了突然地"脱节"：后者在社会共同体的形态上，"直接"转化权力对象，在理论上，它作为权力构建主体对政治权力结构形态的能动选择则被"略过"了。

对主体以及主体行动意志的形成与表达过程多次发生"忽略"，就不再是无意识的结果。这正是因为用构建主义理性无法解答单一制整个体制建立到内部发展过程的行为原理。换句话说，构建不能跨越的逻辑沟壑，填满了"自生自发秩序"所型塑的主体及其"无意识"行动，这说明单一制本不是构建理性的产物：只是构建理性将"非联邦制"现象归纳成了一类，和联邦制构成对称的存在。由于是一种现象的归纳，单一制理论在创设之初，就没有系统地构建自身的逻辑体系，反而为了涵盖所有的"非联邦制"国家，人为选择了抽象的理论范式来表述这种权力结构的区分性特征，形似构建理性发挥到了极致，实际上是构建理性从未自由地发挥作用——如果单一制真是构建理性的结果，试问：中国、英国、日本、西班牙等这些传统单一制国家，何以还会存在探索式的地方分权与自治改革？实在是因为中央政权的构建理性不能"随心所欲"地在单一制国家全社会范围内"令行禁止"，而需要在没有系统阐明权力运行原理的条件下，和次国家单位自生自发秩序的行动展开博弈。

既然不是构建理性的产物，单一制给我们留下的问题毋宁说是发掘经验理性中蕴含的原理和规则。所以这里，我们的设问不再是

"中央为什么选择了现有的单一制结构形态",而是"什么决定了中央会在次国家单位选择特定权力结构形态"。

二、文献述评：相关研究成果及据此其搭建的前期平台

探讨国家纵向权力结构体制构建中的制度选择行为原理以及相关的制度发展规律,目前需要关注的研究成果主要包括两大领域:第一,纵向权力配置理论;第二,国家与社会关系理论,主要是其中"国家构建"命题项下,国家与社会之间构建权力秩序的学说。

(一) 纵向权力配置理论

纵向权力配置理论,又称国家结构形式理论,是我国于 20 世纪 50 年代从前苏联引入的宪法学理论。90 年代早期,对这一领域问题的研究成果出现了第一轮"高潮",主要集中在对单一制和联邦制两种国家结构形式的对比研究,其中以童之伟教授的研究最为系统:他在《宪法学国家结构形式范畴形成史考略》一文中系统考证了这个宪法学范畴的产生、传入和基本发展;在《单一制、联邦制的区别及其分类问题探讨》中,通过确立单一制和联邦制的根本区别,建立起了我国单一制理论研究的基本框架;此外,他的《国家形式结构论》一书,对世界各国纵向权力配置理论进行了系统的探讨,并在《论有中国特色的单一制》一文中,对中国纵向权力配置的体制进行了比较系统的原理分析。在这一时期的研究成果基础上,基于概念辨析和制度分析,我国单一制理论框架基本形成,并且研究成果在学界达成了观念上的共识,主要包括:第一,强调"单一制国家在形式上比较简单";第二,无论是行政单位,还是自治单位,都是国家"为治理方便"而对国家进行的行政区划划分而设置的结果;第三,次国家单位政权没有脱离国家的独立权力,也没有自我组织的权力,它们的权力是"不牢靠的",根据不同国家的统治需要,或同一国家不同时期的统治需要而由中央政权随时调整,但中央政权始终保

有对次国家单位实行直接干预的权力；第四，次国家单位的政权权力来源只有中央，即人民"本源性权利"全面授予给了中央，这个"国家的全部本源性权力"再将权力部分地分解给次国家单位政权进行实现，后者只享有过程性权力。①

在港澳回归和特别行政区建立的1997年前后到2000年前后，鲜活的制度实践又为理论研究注入了动力，直接引发了对两类纵向权力配置原理的关注热点：一类是针对纵向权力配置的类型化分析展开的，主要是针对单一制国家体制内，次国家单位的特殊权力配置模式是否可行、是否会动摇我国单一制根本权力体制规定等问题。主流的观点是，单一制在我国仍为主体制度，而且依据前期研究成果的基础结论，即单一制和联邦制的根本区别在次国家单位的权力依据是授权还是分权，因此港澳行政特区的"高度自治"，以及为台湾统一设计的自治方案，都不会影响我国单一制根本规定。相关成果包括马楠、夏照芳的《港澳特别行政区与美国联邦制下州的自治权比较分析》，张定维、孟东的《是"剩余权力"还是"保留性本源权力"？——中央与港澳特区权力关系中一个值得关注的提法》、王英津的《我国单一制形式的制度选择与价值取向》等，最近的研究成果还有殷啸虎的《论特别行政特区制度与我国国家结构形式关系》等。另一类则是针对单一制内部次国家单位的新发展，对单一制下次国家单位制度

---

① 这些观点主要参考了80年代起到2002年的部分宪法学教材关于单一制的定义和分析，参见吴杰：《宪法教程》，法律出版社1987年版，第119-120页；王士如：《中国宪法学》，南京大学出版社1993年版，第168页；许崇德：《中国宪法》（修订本），中国人民大学出版社1997年版，第156页。论文则选取了这一时段在相关刊物上发表的专门探讨单一制的部分文章，参见王磊：《论我国单一制的法的内涵》，载《中外法学》1997年第6期（总第54期），第52页；郑贤君：《联邦制和单一制下国家整体与部分之间关系之理论比较》，载《法学家》1998年第4期；童之伟：《单一制、联邦制的区别及其分类问题探讨》，载《法律科学》1995年第1期；童之伟：《论有中国特色的单一制》，原载《江苏社会科学》1997年第5期，转引自童之伟：《法权与宪政》，山东人民出版社2001年版，第379页。

模式进行制度分析，其中隐含了单一制是我国根本权力体制以及未来发展将以此平台展开这个设论，试图为次国家单位高度自治权找到在单一制框架下的发展规则，尤其是希望借鉴港澳实践，为我国两岸关系问题的宪法突破找到解决方案，其中，深圳大学成立的港澳基本法研究中心举办了一系列学术会议并就港澳特殊制度发布了一批学术成果，比较新近的成果是潘亚鹏、邹平学的《港澳特区终审权的宪法学思考》等；此外，以武汉大学的周叶中教授、祝捷博士为代表的学者则关注根据现有制度实践探索解决台湾问题的制度路径，发表了一系列关注两岸问题和构建两岸和平协议发展框架的成果，主要包括《论海峡两岸的和平协议的性质——中华民族认同基础上的法理共识》、《论两岸关系和平发展框架的内涵——基于整合理论的思考》等。

　　不过，充实单一制理论体系内容的研究还是相对薄弱。到 2002 年前后，以国内通行的宪法学教材和相关论文为统计蓝本，可以看到对单一制的基本认识都停留在它作为联邦制对称概念的概念界定水平，限于对现有制度文本解读得出为"单一制"还是"联邦制"的定性判断。对比 2002 年之后对单一制定义方式，最大的两个不同是：第一，不再强调单一制国家中次国家政权的样式，即扩大到对自治地方和行政特区等单位的外延涵盖，更重要的是，不再将单一制权力结构看做一种"简单"的结构，中央政权在区划划分和次国家单位政权设置过程中的完全主导地位被相对淡化，只保留了对中央政权对主权性权力独占这一性质判断，在纵向权力配置中也主要以领导、监督等形象出现，不再强调"直接干预"。第二，承认次国家单位政权根据内部社会共同体的民主授权，享有一定范围和程度上的自治权和自我组织权力。①

---

　　①　这种变化是对比参考了 2002 年之后出版的部分教材对单一制的定义方式，参见周叶中《宪法》，高等教育出版社、北京新大学出版社 2005 年版，第237 页；俞鹏德：《新宪法学》，法律出版社 2009 年版，第 258-259 页。秦前红：《宪法》，武汉大学出版社 2010 年版，第 215 页。

到 2003 年之后，受到两大推动力的影响，中央与地方关系再度成为学界关注的焦点：

第一，制度实践的推动，包括国内和国际的制度实践。国内的制度实践主要处于一个历史时代语境下，即改革开放不断推进社会发展，进入改革发展的关键时期，面临全面转型和深度政治体制改革的历史任务，到底如何解决以次国家单位为代表的社会自发发展需求和以中央为代表的统一制度构建力量之间的张力，成为现实制约我国发展和稳定的核心问题之一。同时，在长久探索式的改革发展过程中，带有浓重的次国家单位自发发展色彩的区域协作，开始进入有意识构建区域协议、区域协作发展政策或意向等法制框架的阶段，成为单一制内部出现的自主革新的制度实践。国际上，在地方分权自治改革的制度实践中出现了"第三类国家"之说，甚至提出"世上没有完全单一制的国家。至少每个国家都是由地方分权单位的市镇组成"。①

第二，新研究范式的兴起对传统理论的研究范式产生了冲击：一方面，全球公民社会理念兴起，与之相应的提倡"社会权力"的治理理论对依据统一主权核心纵向分解权力的制度构建逻辑，提出了结构性"革新"的设想，试图重新用自由主义时代的"小政府"来限制国家向次国家单位各级社会共同体实施的纵向权力支配力量。我国比较系统介绍这类理论的作品是俞可平教授的《治理与善治》，国际上比较关注这种用社会权力限制国家权力的研究集中在国际人权法、国际环境法领域。另一方面，和国内关注制度理论的研究范式不同，国外的研究更加关注制度的实证分析，以微观角度观察权力分解到基层单位的制度构建成为更加通行的范式，这就同时揭示出单一制国家内部越来越强的多样性而非同一性。

应当说，单一制这个概念从其缘起就可以看到，它是在现象分析中，根据"非联邦制"现象得出的"对称范畴"。因此，单一制是一个没有系统的理论构型的纵向权力配置模式；然而，这并不意味着它

---

① ［瑞士］J. 布莱泽：《地方分权——比较的视角》，肖艳辉、袁朝晖 译，温珍奎 校，中国方正出版社 2009 年版，第 2 页。

在发展中就只能局限于自生自发地无意识状态。现在的问题是，理论界定始终过于抽象，制度分析又过于碎片化，缺乏对制度规律的系统梳理，可以说，过于依赖试点、探索和具体个案博弈等方式来"现实"地推动中央与地方关系的体质变迁，基本制度变迁的无序化，是对当代法治国秩序价值的直接冲击。

（二）"国家构建"学说

既然单一制的传统思维是将中央政权看做是一个理性的、有行动能力的制度构建主体，那么"国家构建"（state-building）学说是必须要关注的内容。这个理论是用于指称建设功能性国家的国家学说中的一支，最早由美国学查尔斯·蒂利在《强制、资本和欧洲国家（公元990—1992年）》一书中用来解释欧洲国家的产生历史以及政治国家权力的社会实现过程。自20世纪八九十年代的非洲、拉美以及东欧经济危机之后，这个学说更加关注国家在社会发展过程中，获取和利用社会资源的能力与强度，受到同期兴起的治理理论影响，国家构建更多地与合法政权提供社会发展所需的制度产品这种能力联系起来。国家构建学说的另一个当代发展，是在阿富汗战争和伊拉克战争之中，对内生性政治国家组织建设的关注，代表成果可以认为是弗朗西斯·福山的《国家构建：21世纪的国家治理与世界秩序》，他直接以"国家构建"为题对自己提出"历史的终结"进行反思。

其实无论是国家产生、制度建设还是其他国家权力的社会实现，国家构建学说中的这些理论范畴都指向了一个更加传统的命题：国家与社会的关系。

虽然是以国家结构形式的核心范畴作为研究切入点，但本书核心研究对象则是国家与社会的关系，尤其是中央与次国家单位所对应的社会之间的宪法关系。具体来说，通过单一制下具有特殊地位的次国家单位与中央政权之间关系形成原理的分析，我们试图解答这样的问题：一个具有独立政治自觉的次国家单位，为什么会和统一政权组织建立起主权的支配性结构，中央又是通过什么对它建立起统一的统治和治理？解答这个问题，是为了系统地明确单一制次国家单位自治和分权的"度"；反过来说，中央政权在多大程度上可以"放权"，根据什么来"放权"，从而既能保证主权的统一以及发展方向上的整合，又能够促进次国家单位激发内在活力、自主发展，达到中央与地方在制度变革中的有序互动，最终达致纵向权力配置结构的平衡，即中央所代表的统一政治国家与次国家单位社会之间的权力与权利关系平衡。

不过中央与次国家单位的宪法关系仍然是一个过于宏达的命题，张千帆教授的 系列研究成果，包括《主权与分权——中央与地方关系的基本理论》、《地方自治是民主之本——以中央集权的统治成本为视角》、《中央与地方关系法治化的制度基础》以及《中央与地方财政分权》等文，虽然分别角度撰文，但仍然只是在宏观层面搭建理论框架；基层社会管理创新的研究固然触及具体的制度实践，但多属于政治学、公共管理学和社会学的研究。国外的相关研究，则多重视基层民主的制度实践分析，偏重制度绩效分析多于规律性的总结。

无论是国内还是国外的研究成果，一个共同的特点是视角的"单向性"：国内基本从中央政权的统一法治实施角度出发，考虑次国家单位——主要是地方政府在统一政策、法律和法规制定和执行中对此作出的反映，关注如何减少地方政府的"扭曲"以及政策规避；国外则更多关注基层民主力量如何构成统一法治框架中的博弈力量，影响甚至主动参与统一的决策和执行程序。

应该说，两种视角各有利弊，但问题是，正如两种视角并存所揭示出来的：单一制国家中，权力支配的实现过程不是单方行动可以主导的，而我国将视角集中在中央与地方政府，则还"排除"了对社会作为独立力量的考量；而且，社会作为独立力量的表现形式是多样的，包括地理上的社会共同体如基层社区，血缘伦理意义上的民族、家族，以及社会经济发展过程中出现的如弱势群体组织、行业组织等，它们都具有独立的政治自觉，追求权力结构中的独立地位，这也是为什么我们反复强调用次国家单位而非地方、地方政府或地方社会等概念的重要原因。其实对单一制来说，中央政权意味着对社会多种基本单位而非仅仅是地理上下级单位的统合，这才能确立起唯一主权单位对全社会的最高权威，只是在国家的外在组织形态上，次国家单位作为组织化社会力量，一般基于地理原因形成和发展，所以才会显示出浓重的地域性色彩。这样来界定单一制，和列宁最早提出国家结构理论的初衷，以及当前联邦制的发展趋势都是相吻合的：既然是民主制度的实现结构，权力结构就应当关注对构建这个结构的主体不同组织方式的囊括和诉愿表达；也正因此，联邦制当代的理论发展并不是关注什么地理上的问题，而在复合民主制结构中尝试发掘对主体不同组织形式所分别表达出的政治意志和权力、权利诉求，进行尽可能全面的包容、表达和制度整合。

回到国家构建层面再来看待国家与次国家单位之间的关系，其实正应该结合次国家单位作为社会共同体的特征，中央政权授权建立的地方政府以及中央政权三者，分析单一制权力结构在形成、实施和变迁中，各方作为互动主体的博弈行为原理。当然，找到一个主体分析其行动原理作为探查其他各方行动原理的基本立足点是必要的，不过在不同的制度构建阶段，发挥主导作用的主体是不同的，因此基准点不宜统一定为中央或地方政府。

考察国家通过纵向权力配置实现次国家单位内的权力支配，这个构建过程可以从逻辑上分为三个阶段。

首先是国家形成历史过程，主要是民族国家构建（nation-building）以及政治国家认同。就此，人类文化学和政治史的研究成果相当丰富，其中马恩经典著作，尤其是恩格斯的《家庭、私有制和国家的起源》这本书已经相当透彻地从历史梳理的角度，系统地阐释了国家作为一种功能性社会组织，其产生以及发展过程。他们指出，社会基于物质资料需求和物资生产水平而对国家产生功能需求以及通过组织建构形式优化不断满足自身需求，这是推动多个次国家单位构建统一国家的物质利益驱动力；然而，在氏族时期已经在不同次国家单位内形成了具有差异性的物质资料的生产方式，表达为差异化的文化行动模式以及权利需求模式；国家通过向社会配置权力回应这些需求，此时由于需要血缘性共同体在统一国家内产生政治性共同体

11

认同,就发生了对国家权力具体支配结构的型塑作用。在马恩经典分析之外,人类文化学中的经典著作《原始思维》、《野性的呼唤》、《金枝》以及《原始社会的结构与功能》等都为原理分析提供了系统的理论支持。在具体不同单一制国家形成历史的分析中,则会参考相关国家的政治制度史及其分析论著。

不过,本书并非旨在分析和介绍制度文本,这就需要进行类型化分析。从研究对象看,中国和欧洲国家是我们的考察对象。非洲和拉美国家的特殊在于,它们作为当代国家,其构建,有的在政制结构上缺乏历史的延续性,有的则是外力"占领"下建立起的外生性政权组织,其结构形态缺乏对内生性力量的整合,因此没有被纳入我们这里的讨论范围。

就当前对民族国家发生政治认同的原理研究来看:从马克斯·韦伯的《新教伦理与资本主义精神》和杜赞奇的《从民族国家拯救历史:民族主义话语与中国现代史研究》开始,到李学勤的《中国古代文明与国家形成研究》,卜正民、施恩德主编的《民族的构建:亚洲精英及其民族身份认同》,康·康·朱雷斯库的《统一的罗马尼亚民族国家的形成》,菲利克斯·格罗斯的《公民与国家:民族、部族和族属身份》以及王绳祖主编的《国际关系史》等一系列论著,均遵循了历史研究的方法,这种视野一直延续到进入"大欧洲"时代对欧盟体系下的政治认同的探讨,如洪霞的《欧洲的灵魂:欧洲认同与民族国家的重新整合》,李道刚的《欧洲:从民族国家到法的共同体》,马胜利、邝杨主编的《欧洲认同研究》,罗伯特·杰克曼的《不需暴力的权力:民族国家的政治国家》,李红杰的《由自决到自治:当代多民族国家的民主政治经验教训》,宁骚的《民族与国家——民族关系与民族政策的国际比较》,余建华的《民族主义:历史遗产与时代风云的交汇》以及岳天明的《政治合法性问题研究:基于多民族国家的政治社会学分析》等即属于延续这种研究进路得出的成果。

虽然没有直接采用历史梳理的方式,不过根据让·博丹《主权论》、塞缪尔·亨廷顿的《文明点冲突与世界秩序的重建》等直接以搭建理论框架来系统整理历史现象和现实制度的文献来看，除了美国和瑞士等联邦制国家之外，其实单一制国家可以被认为是绝大多数民族国家在政治觉醒基础上直接构建起来的，这类直接转型的国家，从民族身份到政治共同体的认同，基础的力量仍然是历史选择。即使在德国，以卡尔·施密特的《宪法学说》和萨维尼的《论立法和法学的当代使命》来看，在联邦制国家中偏重集权结构的德国也都在政治认同上始终强调"拥有政治行动能力的统一体"是"种族或文化上息息相关"的"人民"（民族）。① 而韦伯则明白地指出，成为"政治共同体"，其"共同体化"② 就是个体经过长期聚居的历史驯化过程，由此方整合为具有独立意识和统一行动能力的群体性主体，并具备相应的"存在方式"，即结构形态。

其次，政治国家要获得社会认同，主要就是要解决正当性或合法性问题。这个问题最早由卢梭提出，他著名的反抗权理论即由此产生，后来这个问题成为宪法学和政治学中，任何一个政治权力分析框架所必然设计的命题。不过，对权力合法性问题阐释最为经典和系统应推马克斯·韦伯关于三种合法性的类型化分析，为中央政权和次国家单位之间建立起合法性认同的路径分析，提供了基本的分析框架。当代对这个问题进一步予以深化探讨的主要是哈贝马斯，他的代表作之一《合法化危机》就将政权建立的合法性论证延伸到了对权力运行过程中的政权合法性追问环节，为现行政权常态运行下，引入合法性认同行为分析模式，来对国家构建，即对社会实施制度权力的控制和治理能力进行探讨，提供了理论上的可能性。此外，不能忽视的是

① ［德］卡尔·施密特：《宪法学说》，刘锋 译，上海人民出版社 2005 年版，第 84-87 页。

② "共同体化"是韦伯对社会分散个体参与到集体行动中所发生的主观意志整合过程所提出的描述，此时基于国家或其他组织代表整体对"社会行为的调节"，"建立在主观感觉到参与者们（情绪上或传统上）的共同属性上"这些共同属性就是历史过程中沉淀下来的。参见［德］马克斯·韦伯：《韦伯作品集（III）：支配社会学》，康乐、简惠美 译，广西师范大学出版社 2004 年版，第 2 页。

对传统民主制这种合法性或正当性的制度实现模式，已经有的诸多反思，由此产生的新的合法性理论。最值得关注的，是后现代解构主义运动中，福柯根据精神分析而提出的主体间性理论、话语分析范式，布迪厄提出的场域理论，以及系统在政治领域阐发拉康镜像理论的齐泽克①等学者，突破了过去形式合法性的考察，而他们的分析范式大多采用了精神分析、语言分析、结构理论以及社会行为学等研究方法，又进一步为将人类文化学引入权力结构体系发生史的分析和政治合法性认同的社会心理过程分析联系起来，连贯了国家形成史和政治认同两个问题的研究，为我们建立中央政权与次国家单位社会互动及相应制度变迁的统一分析模型提供了支持。

最后，政治国家的能力构建。这是制度构建环节，因为历史选择并不意味着人的无所作为，至少从国家构建理论研究成果来看，各种研究仍然尝试着从理性的角度去设计国家建构的理想模式，或者起码反思理想模式的实施过程，试图找到建构的片段规律或规则——这也是本书试图做的工作，因为如果真的纯粹相信历史的无常，未免所有的社会科学研究都成为无用功。

这个问题直接指向中央政权在次国家单位实行配置的决策原理。不过需要注意的是，虽然形式上这是单一制国家中央政权所主导的行动，但是笔者认为，正是因为过分强调中央政权或者统一政治国家的权力体制构建思路，反而招致在实施过程中无法充分预期制度效果，结果在制度文本设计之后发生制度变形、扭曲甚至背反，从而又要进行制度变革。此时表面上是不断变迁和改革，但实际上陷入了一个"怪圈"循环。

要解决这个问题，需要注意转换立场，了解权力配置的根本目的

---

① 齐泽克本人并不承认自己是后现代学者，相反他认为自己是当代马克思主义理论的"学术上的保守派"，但在西方学术界的舆论分类中普遍将他称作"后现代明星"和"后现代哲学大师"，而他在"占领华尔街"运动中的演讲也多次对现代西方政治主流话语实行了意识形态的解构。这里仍将他放到后现代运动的诸位学者中，出于一种对"公认"习惯的遵从，但在此注明，以示笔者对齐泽克本人的尊重，特此说明。

是实现而不是简单建立静态结构，最终追求的是要获得社会实现。在此过程中，执行的环节以及评估是否实现的环节，并不是作为设计者的中央政权，而是次国家单位。进一步的，从哈贝马斯所提出的在权力动态运行过程中，政治国家重新面临合法化危机，那么，构建一个"多大"和"多强"的国家①就不止要关注传统理论框架下的限制国家权力，而要追求次国家单位内能够在权力配置的结构体系层面，构建起一个社会认同并满足社会需要的统一国家，即为国家能够积极推进支配和权力功能的发挥寻找构建的"度"。此时，与其说中央如何为次国家单位设计和配置政权结构内的存在和运行状态，毋宁说应当是中央基于对次国家单位的需求作出统一的结构安排，并引导动态过程中的统一整合。

因此，单一制国家的中央政权如何作出科学决策的依据、原理，是我们在国家能力构建中关注的核心。目前关注国家作为功能性组织关注权力配置需求，在"供需"这种市场化的模型中进行构建原理探索的研究，主要集中在治理领域，如埃莉诺·奥斯特罗姆的《公共事务的治理之道——集体行动制度的演进》，安瓦·沙主编的《发展中国家的地方治理》，盖伊·彼得斯的《政府未来治理模式》，以及俞可平针对我国治理政策的著作，如《治理与善治》。

此外，虽然不是下面讨论的核心问题，但是有关宪法变迁的理论研究是与国家构建学说联系相当紧密的一个领域。严格来讲，国家构建也是政体变迁（regime changes）的一种内生化实现路径，与宪法变迁存在极大的关联。但是本身国家构建的原理，和宪法变迁理论中关注宪法体制作为独立物的变迁还是存在差别的。可以说，有时候国家构建表现为宪法变迁，但这是从制度表达的结果意义上，二者发生了形式上的重合，即构建行为最终由统一的宪法体制所规定。然而，宪法变迁则可能因为外来因素导致，如军事占领，但这种就和内生力量推动的制度变革存在根本的差异。

---

① ［美］弗朗西斯·福山：《国家构建：21 世纪的国家治理与世界秩序》，黄胜强、许铭原 译，中国社会科学出版社 2007 年版，第 3 页。

三、分析构型

（一）互动结构中的两个主体

同时关注单一制中央政权和次国家单位两个视角，确实存在难度。要一以贯之又兼顾两个视角，需要将这两个因素分别整合到一个结构中，这就是互动结构。

我们是这样来看待单一制国家权力通过纵向配置实现对次国家单位的统治和治理的：中央政权向下配置权力，权力本身是配置行为的客体，也是次国家单位和中央政权建立宪法关系的枢纽；权力实现实际就是对次国家单位的社会关系依据统一主权核心的意志模式进行改造和统合，形成单一制统一制度下的"社会秩序"，这个过程中，权力最终要能成为秩序获得实现，就需要经由次国家单位的分解、执行、扭曲、反抗或者其他"反作用"，包括中央在次国家单位建立的下级政权、次国家单位本身的社会共同体以及其他社会关系主体，对中央权力配置行为的意志解读和反应行动。

这个分析构型也并不是原创，而是应该归功于两部作品的启发：第一部是弗朗西斯·福山的《国家构建：21 世纪的国家治理与世界秩序》。

在"9·11"之后，这位曾经长期致力于提倡以"社区"作为现代社会建设基本单位的学者，对自己长期提倡的欧美式社会与国家关系发展设想，提出了系统反思：直接原因是美伊战争的结果，这场以军事胜利占领为前提的民主构建过程以美军长期陷入地方反抗的泥沼、最终撤兵收场。齐泽克这样评论道："美国给人民带来新的希望和民主，然而，同样不领情的人民非但没有热烈欢迎美国军队，反而拒绝接受——他们挑三拣四，收到礼物却毫无谢意，而美国的反应则像一个面对他曾无私帮助过的人们的忘恩负义而感情受伤的孩子。"[1]

---

[1] ［斯洛文尼亚］齐泽克：《伊拉克：借来的壶》，涂险峰 译，三联书店 2008 年版，第 14 页。

福山过去以"华盛顿体系"为国家构建的理想模型提出"历史的终结",却发现并非和历史的走向完全契合。他的反思思路是"国家失能"——其实还是没有抛弃在理论立场上的西方中心主义——不过除去这一点,他重新提出了"强国家"和"弱国家"的统治效能问题,为我们审视政治国家实现对社会的权力支配,提供了一个更为明确的切入点,即:"完全可以这样说,20世纪政治的一个非常鲜明的特征就是对国家的规模应当有多大和国家力量应当有多强争论不休。"①

不过,由于福山的反思只是指出了问题,他的分析仍然坚持了"'华盛顿共识'本身并没有错"这样一个前提,他指出国家失能实际上是将国家构建转化为一个纯技术问题,"真正的问题在于国家在某些领域必须弱化,但是在其他领域却需要强化"。②但即使主张用数量模型来分析制度构建的公共选择理论和法经济学也始终无法回避制度构建中的非技术问题,他们自己都承认:"无论是完善的还是不完善的市场,总存在一些为人们普遍享用的基本价值判断和公用选择规则。一种特殊的伦理选择可能不包含某些改革者所偏好的价值,但它设计一定的自我约束。任何一种市场价格体系体现着人们对某一伦理关系的起码认同……社会不存在不具有基本伦理判断的市场价值……"③

也就是说,即使福山尝试把欧美自由主义国家模式看做"普世性"的功能性组织发展最良好的状态,但在社会对它的制度效能进行选择的时候,也不是不假思索地只进行理性计算的。甚至伦理性的需求更为基础,是市场制度选择存在的前提。

---

① ［美］弗朗西斯·福山:《国家构建:21世纪的国家治理与世界秩序》,黄胜强、许铭原 译,中国社会科学出版社2007年版,第3页。

② ［美］弗朗西斯·福山:《国家构建:21世纪的国家治理与世界秩序》,黄胜强、许铭原 译,中国社会科学出版社2007年版,第5页。

③ ［美］A. 爱伦·斯密德:《财产、权力和公共选择——对法和经济学的进一步思考》,黄祖辉、蒋文华、郭红东、宝贡敏 译,黄祖辉 校,上海三联书店、上海人民出版社2006年版,第39页。

所以，齐泽克对福山的这种反思提出了批评，他犀利地指出：这种带有"普世主义"和"泛西方主义"的理念，盲目扩张自己的模式，所谓"基本的前提预设还是老一套……则我们都是美国人。那是我们的真实欲望——因此，所需的一切，就是人民一个机会，把他们从强加其身的束缚中解放出来，于是他们就会加入到我们的意识形态梦想之中"。①

当然，伊拉克的构建是一个特殊的例子，它是外来军事占领进行人为构建时，无法获得民族国家内生社会认同的结果。不过，必须要承认的是：第一，美国进入伊拉克并非简单是"侵略"，它本身也伴随着伊拉克人民内生的革命选择——尤其是库尔德人对萨达姆政权的革命需求，正是生动演绎了次国家单位中，以民族为基础的社会共同体对集权中心的离心力作用；第二，国家构建在大多数情况下只是一种理论重述，是对国家发生阶段的假想，多数带有叙述者的前见，或因为论述倾向存在人为构型的危险，然而伊拉克则是当代史"活生生"的例子，福柯都说，有谁敢褫夺它近代历史的主体？②

因此，检视福山的反思，以及对他反思的批判，对我们仍然是极有裨益的。应该说，国家在社会中出现制度构建的"失能"是一种现象，背后社会对国家的选择始终受到伦理、意识形态以及观念的驱动。

不过，无论是什么原因主导着社会在国家构建行为中与政治国家统一政权建立宪法关系的方式，至少我们可以看到——如果我们将这个问题牵引到单一制国家的语境中来的话，次国家单位和中央这个统一主权单位之间，是以这样的发生制度关联的：国家内部存在对统一民族国家这个抽象主体之外的判断主体，即在权力结构上对应次国家政权组织存在的次国家单位。它们对国家制度的"选择"，制约着国

---

① ［斯洛文尼亚］齐泽克：《伊拉克：借来的壶》，涂险峰 译，生活·读书·新知三联书店 2008 年版，第 15 页。
② ［法］米歇尔·福柯，汪民安主编：《福柯读本》，北京大学出版社 2010 年版，第 51 页。

家制度的效能。这种看上去被动选择的过程，隐含了次国家单位作为有意识和统一行动能力的主体，与中央政权代表的统一民族国家所构建起来的政权，二者相对独立的存在。国家权力是否能够实现，或者按照福山的话来说，是否会发生制度层面的国家失能，取决于次国家单位对统一主权单位通过权力配置推进支配意志的接受、抵制或者其他反作用。用权力贯连起来的这种结构，就是两个主体同时存在的互动结构。换句话说，我们想要找到一个包容双方行动的基准点，毋宁说是要找到一个结构。

接下来的问题是：什么将单一制国家统一政权组织和次国家单位连接在互动结构中呢？这要归功于丹尼斯·朗的《权力论》中，关于权力实现结构的系统分析。

无论是"多大"、"多强"的国家，还是次国家单位集合而成的社会共同体对单一制中央政权以国家构建为目标，对政治国家存在的特定形态进行"选择"，其实都是通过对中央政权所配置的权力及其形成的制度作出的反映。

应当说，在单一制国家通过中央推进主权性权力的建制化的过程中，它对次国家单位自上而下实施层级化的权力配置，并在同一层级上基本采用相同或类似的体制来授权，实际上包含了对次国家单位作为权力支配对象具备同一性这个假设，以及它们会对权力配置作出同一性反作用的预期。

但是，单一制国家这种预期产生的依据，以及它追求预期实现的过程和方式分别是什么呢？

这就必须区分在纵向权力配置体制的构建中，"拥有权力"、"行使权力"以及"实现权力"的几种区别状态。

如果我们设定单一制国家业已成立，即暂时在这里不去追究预期产生的依据，或者如伊拉克问题中那样走到政权是否能够获得次国家单位主权认同那么远——虽然这是我们最终需要解释的问题之一，但是在制度构建的层面，目前的构型还只能以业已获得次国家单位接受其为唯一主权性单位为前提来展开下面的工作，因为此时我们才可能在逻辑上认为存在一个可以与次国家单位相对独立存在的统一政权，或者我们用中央政权来表述它的存在与行动状态①——此时，"拥有权力"并不等于中央政权全部投放到次国家单位——可能是某些权力没有被释放，可能是某项权力的部分力量没有被全部释放。释放的这一部分我们认为是配置了的权力，即中央向次国家单位"行使权力"，最后是否能够"实现权力"，则取决于"社会互动"效应。

"……掌权者对权力对象行为的影响有何极限，权力对象会不会受掌权者影响而自杀或被害，掌权者追求哪种预期效果会受到抵制——至少在初期产生权力关系的中断?"②

只要考虑到社会互动、预期以及反作用这三个因素，中央对次国家单位实施制度上的权力配置，包含了对次国家单位行动的预期，追求的则是中央所代表的统一国家意欲达到的效果；而这种追求通过次国家单位的反作用——基于对中央政权代表的统一国家这个功能型组织的预期，即对它"拥有权力"状态的预期，以及该组织实际行使权力方式，即对它"行使权力"行动的评估，二者对比，次国家单位会就此作出对权力的接受、抗拒、部分接受或抗拒乃至扭曲等反作用，社会互动过程最终转化为现实的、宪法上的权力关系。

在这种用权力贯穿起来的互动结构中，可以很明显地看到：单一制国家从没有单向性决策的自由——当然，韦伯也说过："权力意味着在一种社会关系里哪怕是遇到反对也能贯穿自己意志的任何机会，

①　这里需要说明的是：我们始终以先国家状态即存在的次国家单位作为参与国家构建行动中，与中央政权发生互动的主体，还可能包括虽然基于中央的授权产生，但其独立性则不依赖中央政权的权力意志为转移，或者在制度发展过程中，已经发展出了这种类似于先国家状态下的独立性，以区别于仅仅根据中央政权授权而在形式上独立出来的下级政权单位。因为我们还是坚持单一制的基本立场。至于如何来认定所谓先国家状态的独立性，后面我们在讲到"单一制例外"的内涵阐释时，会系统说明。
②　[美]丹尼斯·朗：《权力论》，陆震纶、郑明哲 译，中国社会科学出版社2001年版，第16页。

不管这种机会是建立在什么基础之上。"①　但依据"拥有权力"就试图"实现权力",起码在现在所知的实践中,不独单一制国家,即使是古代专制集权国家也没有真正拥有这样的能力。

只不过在单一制国家中,中央作为社会互动结构中,唯一拥有全部制度权力的主体,它的预期和行动,更具有主导性力量。因为预期不是单方的,作用也不是机械的而是联动的,所以"为了使 A 控制 B 的权力在尚未实际行使时成为真实,B 必须确信 A 控制他的能力,必须相应改变他的行为。……在基于预期反应的权力归属中,权力对象的自觉是一个决定性因素"。②

把这段论述"翻译"并用来理解成单一制国家中央与次国家单位之间的权力互动方式,其实就是:在设定中央拥有权力③的预期下,次国家单位确信中央拥有控制它的能力,因此它在追求预期实现的时候,会相应地根据中央行使权力的方式调整自己的行为。此时,次国家单位的自觉性,即对自身需求的自觉性和对中央意志的敏感性,决定了它会对行使权力作出多精准的反应。而且自觉性还会影响:因为中央根据次国家单位可能做出反应的预期释放权力,但是在真正释放之后,次国家单位的行动可能是调整自己的预期或者是选择不同的反应,使得它成为与中央作出预期时所依据的对次国家单位的认知发生偏差;而自觉性越高的次国家单位,应该说它的自我认知以

① ［德］马克斯·韦伯:《经济与社会》(上),林荣远 译,商务印书馆 1997 年版,第 81 页。

② 参见 ［美］丹尼斯·朗:《权力论》,陆震纶、郑明哲 译,中国社会科学出版社 2001 年版,第 8 页。

③ 虽然我们认为国家并不是拥有多少权力就真的能够得到全部实现,但这是以特定权力体制存在和运行的时间轴上的"一段"来观察的经验结论;从时间轴上的"一点"看,极端地设想,还是存在全权性权力完全依靠单向性意志得到实现的可能。所以当我们讨论中央拥有权力、释放或行使权力的时候,我们将权力和它的实现能力、正当性等作为体制才需要考虑进来的因素暂时分开,"纯粹地"设定权力只根据自己的强制力这种"能力",据以推进并实现统一国家组织的主体意志。这个时候,我们并不认为"拥有"的权力是存在量上或者能力上的局限,它可以认为是中央拥有的全部能力。

及对外部的反应则是越稳定的，那么中央的预期精确度也就越高，发生的偏差就越低，从而行使权力的决策就可能越准确。

（二）切入：特殊文化支配下的单一制例外

当我们谈论单一制国家中央政权和次国家单位之间的这种互动关系，还留了一个前提性的问题没有解决：单一制中央政权和次国家单位在互动结构中，分别依据什么作出预期？而且，作为抽象性的拟制主体，它们又分别怎样形成了统一构建行动，支配它们的行动原理或相关规则是什么？反过来说，我们依据什么来判断它们的行动？

如果从制度构建的角度来看，制度经济学和法经济学中的公共选择理论仿佛给出了答案，但实际上只要仔细研读其中的表述，就会发现：即使是以市场经济为背景，对社会个体和集体作出理性人预期，他们仍然承认道德缺陷，以及市场本身的伦理性基础——恰如上面所说的，任何价格中都包含了伦理。

这就回到了观念分析。当然，去追究主体哲学性的自我认知以及行动，未免在形而上的路上走得太远。我们探究的还是共同体进入制度构建层面的行动原理。在这一点上，本书采用了人类文化学的立场来解读支配先国家存在的社会共同体的存在方式和行动原理。

不过，为了克服单一制国家统一政治共同体所遵循的文化规则和次国家单位所遵循的文化规则，在身份重合的范围内会发生难以识别的问题，尤其是单一制国家在结构上高度集中的主权认同，实际上预设了各次国家单位在文化上基于同一性或趋同性。那么怎么分辨互动结构中两者的行动呢？如果是一致文化规则所决定的，那么是否会相互"抵消"伦理性因素产生的特殊构建规则，是否在此时只采用经济人理性就可以判断国家权力体制的构建原理了呢？

应当说这里并不是要解答单一制国家次国家单位的事实同一性有多高的问题，而且这个问题也无法解答。不独不同单一制国家、不同次国家单位不同，更重要的是文化作为规则体系，它内在既包含了可以与其他文化体系相通甚至重合的部分——这是我们通常认为不同文化群体和文明群体之间可以相互交流甚至部分交融的基础，也包含了规定自身独特性的、与其他文化体系不能兼容的部分——杜赞奇提出"柔性边界"和"刚性边界"这一组范畴，即旨在说明了这个问题——既然如此，次国家单位的社会共同体所遵循的文化规则，至少有一部分总与单一制国家下统一政治共同体所遵循的文化规则相通，而一部分存在差异。问题只在于采用了什么视角：特定视角强调次国家单位文化的独特性而突出其在互动结构中的特殊构建行动，另一些视角则强调单一制国家内部高度的同一性或整合可能。

所以更加务实的做法，是选择一个确定的切入视角，它能够为我们展现次国家单位在构建国家过程中明确依循独立文化规则，参与互动结构的过程——这是我们选择单一制例外作为切入点的核心理由。

到底什么是"单一制例外"，本书会在后面专章阐释。简单地理解，它是单一制国家中在根本权力制度结构中，相对其他同层级的次国家单位而言，在适用特定自上而下授权的规范时，享有"例外"待遇的次国家单位。它的基本特点是具有文化上的异质性，基于这一点，它为我们暴露出这样的问题：为什么它"愿意"服从单一制国家统一主权核心的权力控制——即使只是逻辑上的控制？而国家又为什么"愿意"容忍这种统一权力支配结构中的"例外"存在？

进一步地：单一制国家能够在多大范围或多深程度容忍这种"例外"而不至于影响到自身统一主权的实现？而它又在制度上如何解决单一制例外"例外"于特定权力配置体制下的控制，即它在承认"例外"的同时又必须配给什么其他权力控制才能保证这个次国家单位不至于成为分裂的力量？

可以说，正是次国家单位和中央政权之间，基于各自文化规则作出的互动和博弈，达到一种制度上安排的均衡，才造就了非同一性次国家单位组成的统一国家——因为从极端意义上讲，任何次国家单位都在一定层面存在非同一性——这个统一主权国家还能够根据自上而下逻辑地构建起指向整合同一的单一制权力结构。这个过程，无论是历史中沉淀而来的文化规则体系，还是长期历史实践达到的博弈均衡，单一制国家无不凸显其承接历史自发性选择的发生学特点。

而另一方面，单一制例外固然依据它先国家状态下的独立文化规

23

则参与到国家构建中来，成为统一权力结构内的次国家单位，其制度地位仍为人为整合的结果。故而，简言之，即使不是全部，单一制例外本身在"进入"单一制国家，反过来说即单一制国家整合单一制例外的权力互动结构，是同时承接了历史自发选择和理性构建的结果。单一制例外不但能够比较明确地为我们提供独立的行为轨迹，还能够集中为我们展示单一制国家历史形成至制度构建的双重图景。

第一部分

单一制例外概述

第一章　从次国家单位解读单一制

一、隐藏在单一制结构中的例外

实践远比理论的想象力要丰富，这是理论革新和制度变迁的原动力。

单一制似乎已经是一个成熟的理论体系，即使是地方分权自治改革，地方或其他社会团体致力于与中央政权建立起对话，寻求自上而下的授权制度对它们特殊需求的认可。总的来说，单一制的理论逻辑一直没有被质疑：国家的次国家单位在政治权力结构中的存在形态被认为是中央自上而下安排的结果，而且在大部分情况下，安排是趋同的。

但正是因为单一制内部存在对这种趋同设想的例外，使我们将现实和理论逻辑对比的时候发现了差距，由此引起了我们最初想要重新来谈论单一制的兴趣。

第一个引起我们思考兴趣的是希腊。希腊北部境内，有一座东正教的"圣山"——阿索斯山，以它为中心，希腊宪法确定了一个专门的区域，这一地区全称为"阿索斯山自治修道院州"，它的特殊之处是实行政教合一的政权组织原则。虽然1975年希腊宪法第3条规定了"希腊的主要宗教为东正教"。针对国内东正教作为主流宗教的现实情况，希腊宪法虽然没有明确宣布"世俗政权"或"政教分离"的原则，但在宪法的其他条文规定中却非常重视排除宗教因素对政权独立运行的影响，如第5条对希腊公民宗教信仰自由权利的规定，以及在第59条中，规定议员根据宗教信仰宣誓的时候，如果非东正教成员亦不应当受到东正教在国内主流地位的影响，即"信奉其他宗教的议员也须作同样的宣誓，唯须将誓词中的宗教信条改为他们各自的宗教信条"。故而,可以这样说,根据1975年《希腊共和国宪法》确立下来的希腊国家政权体系,在其根本性质上是和当代大部分国家相同的政教分离的世俗政权。从其宪法各项规定宗教自由、排除宗教对政权组织运行之影响的内容和立场来看,显而易见,政教分离是这个国家存在方式的基本规定,也应当是纵向权力结构组织运行中应该统一贯彻的基本规则。

然而,在统一的宪法体系中,关于"阿索斯山区政体"的规定却明文规定了这个区域"依照其古老的特权地位,是希腊国家的一个自治部分……归普世牧首管辖……阿索斯山区按整个阿索斯半岛境内二十所修道院划分的管辖区进行管理……阿索斯山区的行政权,由各修道院代表组成圣教团行使。阿索斯山区的行政体制、修道院数目、修道院的等级制度以及各修道院属地的位置,均不得有任何改变。禁止一切异教徒和主张教会分立的人在阿索斯山区居住。阿索斯山区各行政机构的细则及其活动方式由《阿索斯山区宪章》确定。该宪章,由该区二十所修道院在国家代表的协助下起草制定并投票表决,然后由普世牧道和希腊议会予以批准"。

这条"自治权"的规定,使阿索斯山自治修道院州成为单一制国家统一主权管辖下的一个"例外":首先,从这一单位的政体性质来看,根据普世牧首的管辖、在修道院宗教组织的原则下组建自治权力组织,进行自我管理——普世牧首是东正教的精神领袖,是东正教会组织中享有最高地位的神职人员——换句话说,这一单位的权力组织原则贯彻的是宗教组织的管理权威,形成的是一个政教合一的次国家单位政权。其次,从东正教的两大分支来看,主要分为俄罗斯等斯拉夫国家东正教会和原拜占庭帝国下东正教会,希腊所处之东正教会正是第二支,这支的教会核心在原拜占庭帝国的核心君士坦丁堡,即今天位于土耳其境内的伊斯坦布尔;换句话说,根据普世牧首的管辖原则,阿索斯山自治修道院州内的修道士等宗教人员,接受的是位于另一个主权领土范围内的宗教组织的领导,这也可以解释为什么希腊宪法要强调在领土范围内"希腊国家对它拥有完整的主权",同时希望将这个自治单位的权力分为宗教权力和行政权力,规定"阿索斯山区各行政机构信守：在宗教领域里接受普世牧首的最高监督，在行政方面接受国家的监督"——表面上仿佛贯彻了"政教分离"和希腊主权在该单位是唯一至上权威的原则，但是结合政权的具体组织规则和运行规则分析，可以发现，规定组成人员的宗教身份，并要求他们按照宗教权威实行自我管理，这就意味着政教在实体上的合一，主权对这一单位的实际控制也只停留于主权宣示的外观层面上。这样一来，阿索斯山自治修道院州的政权体制既突破了单一制国家政教分离的基本规定，也并不依赖单一制国家中央政权意志而处于授权的下级权力位阶中——正如宪法条文所指出的："依照其古老的特权地位……归普世牧首管辖。"国家世俗政权和这一单位行政权力只根据"监督"而非"领导"或"授权"等形成实质意义上的"金字塔"式授权关系或等级结构，只能说通过统一主权国家宪法的规定，将这种"例外"单位的现状转换为单一制国家统一"认可"的现状，本质上是在局部层面上对"金字塔"式纵向权力配置的结构性更改；换句话说，当单一制国家无法用自上而下的授权规则进行该单位的政权整合时，只能采取形式上的整合，保留主权地位，是向现实的一种妥协。

另一个值得细致分析的例子则是英国的北爱尔兰问题。

北爱尔兰问题由来已久，其中夹杂着民族冲突、宗教冲突以及在爱尔兰独立之后的主权国家冲突，错综复杂。但就北爱尔兰而言，它主要指的是没有在爱尔兰独立运动中参加爱尔兰自由邦的六郡，爱尔兰后成为独立主权国家，北爱尔兰则根据英爱双方协议仍然留在英国主权之下，成为英国境内一个特殊的次国家单位。

目前北爱尔兰虽然接受英国的主权管辖，由英国行使对其事务的正式发言权；然而需要注意的是英国中央政权对北爱尔兰自治授权的形式背后，其授权并不意味着英国中央政权建立起了对这一单位政权的实质领导，伦敦的内阁通过北爱尔兰事务办公室专门和北爱尔兰民选的自治政权就这一单位的自治事务相互协调，在达成双方共识的基础上保证北爱尔兰的自治。也就是说，根据1998年的《北爱尔兰和平协议》，北爱尔兰当前形成的自治权是以北爱尔兰地区人民的直接选举授权产生的，它接受英国统一主权领导的基础是作为独立政治实体进行"选择"的结果——这和单一制国家纵向权力结构中只承认"金字塔"顶端唯一主权性权力单位独享人民直接授予的政治性权力这一基本规定是不符合的。

不仅如此，虽然北爱尔兰目前的自治政权体制最终形成的时间是在 2007 年，但它自治权得以确立的规范性文件依据仍然要追溯到1998 年英国和爱尔兰共同促进北爱尔兰各派政治势力形成的《北爱尔兰和平协议》。在自治政权形成和发展的过程中，存在多个值得深思的问题：

第一，1998 年的《北爱尔兰和平协议》签订，是在英国和爱尔兰两个主权国家共识基础上促成的，主权在对国内事务行使最高权力的时候是排他性的，北爱尔兰作为英国主权领土的一部分已经成立的条件下，其自治权的形成为什么会以两个主权并存为基础呢？

第二，2002 年，北爱尔兰联合政府出现了政治危机，濒临崩溃，英国政府宣布暂停该地方政府的自治权，这是单一制国家中央政权调控和主导纵向权力结构中各部分运行的典型例子，但是在恢复自治政权的过程中——如果根据单一制理论，国家纵向权力结构完全是按照中央政权单方意志构建的结果，那么重建问题的核心应该在中央政权——事实是，英国政府宣布北爱尔兰恢复自治权的条件包括：英国和爱尔兰两国在英国所设定的 2007 年 3 月 26 日，即拟定的恢复自治政权的最后期限应当达成协议；北爱尔兰本地政治派系势力，包括政党和共和军等武装势力能够相互之间达成和平协议——这两项条件，直接反映出英国中央政权对该次国家单位政治权力控制的薄弱，之前暂停自治权并不意味着中央政权在次国家单位存在高度的政治权威，而只是一种临时性的应急措施，并不能直接代表政治权力统一由中央政权行使——联合国也曾对部分地区实行托管，但并不能认为联合国是一个主权所在。换句话说，英国中央政权在北爱尔兰并不能独立地行使主权者所应当享有的最高的、排他性的政治权威，它的主权行使，或者中央政权对这一次国家单位的政治权力组织、运行状态必须依仗于该单位内部社会共同体的独立选择。主权国家内部各社会共同体统一对中央政权形成政治权威认同，这是统一主权的必然要求，更是单一制国家中央政权获得主权性权力独占地位的必然要求，但是显然，英国中央政权并不能直接根据统一主权国家和单一制政权结构体制而对北爱尔兰适用这些的基本规定。

第三，从北爱尔兰自治政权的实质内容来看，它保留了北爱尔兰可以跟北爱尔兰地区和爱尔兰地区公民的全民公投结果脱离英国的独立权。这是一项不但对单一制权力结构，甚至对主权基本规定都直接构成挑战的制度实践。作为国家的成员单位，北爱尔兰享有的脱离权，应当是区分联邦和邦联，作为主权国家和国家间联合组织的区分标准，① 单一制国家中的次国家单位享有这种独立权力，首先就意味着中央政权未能独占主权性权力。此外，需要注意的是，行使独立公决的投票权主体并不是英国公民全体，也不是北爱尔兰地区公民独自享有，而是该次国家单位与另一个主权国家共享，当另一个主权国家加入之后，很难说单一制国家中央政权和这一次国家单位政权之间的关系还能用"金字塔"式的等级结构来解释。

从这三重意义上来说，北爱尔兰实际上也是单一制国家中的一个例外单位，为了统一分析，我们将这类单位称为"单一制例外"。在进行严密的概念界定之前，暂时直观地将其范围界定为，单一制国家中，在制度地位上享有例外待遇的次国家单位。

毫不夸张地说，这两个单一制例外可以说是已经"突破"了单一制国家主权在全国范围内统一的实现结构，而纵观各个单一制国家内部纵向权力结构的次国家单位，即使不能与阿尔索斯山或北爱尔兰的"例外"程度相比，但从统一法制体系和规范的普遍性等形式标准出发，单一制国家中其实普遍存在着各种"例外"：法国的科嘉西岛，荷兰的库拉索岛、圣马丁岛，以及中国的民族自治、行政特区等，它们虽然未必在制度地位上如阿索斯山自治修道院州和北爱尔兰那样特殊，但在统一纵向权力配置过程中，它们或在政权组织性质、

———————

① 参见王世杰，钱端升：《比较宪法》，中国政法大学出版社1997年版，第314页。

政权对主权的认同或其他组织制度、地方自治权的范围等方面，也都存在不同程度的特殊性；基于这些特殊性，这些单位也可以被认为属于"单一制例外"，享受区别于单一制国家内部其他次国家单位的权力地位。

可是这些例外单位，却无法在理论模型化的单一制结构中找到它们的地位。作为是当代绝大多数国家所采取的结构形式，单一制的理论模型给出了一个非常"简明"的权力结构：国家在纵向权力配置的过程中，采取统一中央授权的方式，在全国范围内不同地域、不同层级设置政权组织而形成的国家纵向权力结构形式。

和单一制对称的是联邦制国家，与这种出现较晚的国家结构形式相比，单一制国家以统一中央政权作为纵向权力配置的唯一决策中心，"主权权力由全国性政府独占"① 是它们区分的关键标准，也是单一制国家纵向权力结构形式的核心标志。

除了极少数的国家之外，当代大部分单一制国家都以中央政权为权力结构的顶端和核心，在全国范围内，根据宪法和法律的授权和组织规则，自上而下地组建起一个"金字塔"状的纵向权力结构。也就是说，国家将领土和人口按照地理、经济、民族或历史传统等因素，以特定地理疆域为基础，将全国地域和人口划分为不同的区域，分别由中央政权授权，在这些区域内组织建起次国家单位政权，代表统一国家分别在不同层级、不同范围内行使国家权力、履行国家职能。反过来，各级次国家单位政权都服从于上一级政权的授权和领导，最终各次国家单位的权力指向最高的权力顶端，代表全国统一主权性权力的中央政权。

这样一种权力结构是等级制的，和联邦制国家中的"契约式"结构形成对比：各联邦成员单位组成统一的联邦国家，在组建的过程

---

① "单一制与联邦制的区别，从根本上说只有一条，那就是看主权权力由全国性政府独占还是由其与区域性政府分享；由全国性政府独占主权权力是单一制……"参见童之伟：《单一制、联邦制的区别及其分类问题探讨》，载《法律科学》1995 年第 1 期（总第 61 期），第 35 页。

中，以最典型的联邦国家美国为例，各联邦成员单位根据人民的直接授权享有独立的主权性权力主体地位，在产生联邦国家的过程中，或者精确地说，应当是组建联邦国家权力组织的过程中，通过权力契约，即宪法划定自己保留的权力和联邦国家所享有的权力，就此成立的国家，是一个契约式的国家，主权性权力是由联邦国家和联邦成员单位所分享的，各方都根据直接民主授权原则享有独立的、原生性的政治性权力，彼此在宪法上享有同等的独立主体地位。①

通过和联邦制中"契约式"权力结构进行对比，可以看出，单一制国家这种"金字塔"式的权力结构对国家模型的理论认识存在这样几点理想假设：第一，中央政权在权力结构的顶端，是所有次国家单位政权衍生的根源，是唯一一个独立的权力主体；相比较而言，任何次国家单位政权都处于对中央政权意志的依附状态中，没有脱离中央政权为其划定的范围而独立存在的法律空间。第二，中央政权在纵向权力结构中发挥的是单向作用，它根据统一国家权力实现的需要来组织纵向权力结构，并向次国家单位政权配置相应的权力，由次国家单位政权分解实施和实现统一国家的目的；次国家单位政权在这种过程中成为纯粹功能性的、执行性的权力，并不存在独立于中央政权分解给它的需求意志以外的独立需求或独立意志。第三，作为统一国家统治和治理对象的社会共同体具有高度的同一性；之所以能够将中央政权地位预设为权力结构中的唯一意志性权力主体和决策主体，即在国家作为一个统一的权力组织在面对社会需求以及自身利益需求的过程中，之所以可以由中央政权独断所有的需求内容和需求实现方

① 联邦成员单位所享有的权力是由人民直接授予的已经毋庸置疑，联邦国家的权力是来自于人民直接授予还是各成员单位的授予则曾经发生过争论，现在一般认为应当是起码包含了人民直接授予的成分，这个观点最早在联邦国家建立的初期就已经为麦迪逊所直接说明："虽然两种政府被任命的方式有所不同，我们必须考虑到他们实质上都是以靠合众国全体公民的。……联邦政府和州政府事实上只不过是人民的不同代理人和接受委托的单位……"参见［美］汉密尔顿，杰伊，麦迪逊：《联邦党人文集》，程逢如、在汉、舒逊 译，商务印书馆 1982 年版，第 240 页。

式，是因为存在最后这一点。

如果从宪法和法律的角度来看单一制国家纵向权力结构形式的话，它将统一国家组织及其权力实现过程假设为一个经过高度整合的法律秩序体，并将产生这个秩序的规范体系依据作为单一机关所创造出来的结果，"在这里同一个人起着作为创造中央和地方两种规范分别构成不同秩序的机关之间，存在着一种人的统一（personal union）"。① 所以，和联邦制国家纵向权力结构的形成过程不同，单一制国家只考虑了全国统一的社会共同体，各次国家单位内的社会共同体则被预设为彼此之间完成了高度整合、相互之间具备高度同一性的个体，因此，可以说在单一制权力结构的形成过程中，只考虑了统一社会共同体，而不存在次国家单位作为独立社会共同体先于单一制国家的存在，或者在单一制国家形成之后还独立存在——相较而言，联邦成员单位只有被认为是先于国家完成了政治自觉，并在联邦国家形成之后保留自己独立存在地位的情况下，才可能使"契约式"权力结构得以产生并且存在下去，而联邦成员单位根据宪法所保留的主权性权力，以及它们通过宪法契约与联邦国家共享部分主权性权力、解决相关争议等都正是这些次国家单位以独立方式存在和运行的直接表现。在这里，实际可以看出单一制和联邦制通过纵向权力结构的不同构建和运行原则所构建起来的理想国家模型，以及它们在理论上预设自己所适用的社会在次国家单位或组成单位层面上还需要注意这几点差异：

首先，形成统一国家并采用单一制这种权力结构，意味着社会共同体也已经完成了社会内部的高度整合，各次国家单位根据中央统一意志组建政治权力组织并根据中央统一授权作为国家的一部分在社会中运行，它们之间具有高度的同一性，非如此，"金字塔"式权力结构不能满足整齐划一、等级层次分明两项条件，也就无法获得结构的稳定。

---

① ［奥］凯尔森：《法与国家的一般理论》，沈宗灵 译，中国大百科全书出版社 1996 年版，第 335-336 页。

其次，由于所有次国家单位都是根据中央政权根据统一国家权力实现的需要而组建的，那么，次国家单位不但在其存在方式和行动能力上受到纵向权力配置规定的约束，而且在极端理论意义上，它们存在的社会共同体也取决于国家统一意志的划定——举一个现实的例子来说明：在 1912 年中华民国时期始建为省级政权的察哈尔省，在新中国成立之后，1949 年成为以张家口市为省政府所在地、接受中央直接领导的省级区划，但是在 1952 年察哈尔独立省级区划的建制撤销，原辖区分别被并入河北、山西两省以及北京市三地管辖区内，不再存在。

再次，次国家单位政权一般按照地理疆域的划分产生，因此在外延上一般会与单一制国家的区域性政权即地方政权重合。① 地方政权是根据统一国家在不同范围、不同层级的社会中实现统治和治理的需要而设置，中央政权根据国家的地理状况、人口数量以及具体地方区域的历史、民族、宗教文化传统进行地方政权设置的过程也是对统一国家权力进行分解实现的过程，所以地方政权一般只承担统一国家政权在地方社会的公共管理职能，它的权力性质一般是社会公共管理权，而非政治权力。②

基于这样的理论预设，以及对次国家单位的这种认识，比较适宜采用单一制这种结构形式的国家一般应当符合这样的特点：

第一，次国家单位同一性高，具体来说，在地理、经济、民族以及宗教文化等方面成分单一的国家，如日本，泰国就属于这一类；或次国家单位整合程度很高，也就是说，即使在这些方面存在多元性，

---

① 次国家单位更适合在纵向权力结构语境中使用：第一，相比地方政权，它能够囊括根据中央授权形成地方政权之前的政治共同体；第二，从整体和部分的结构角度来看，要摆脱将各社会共同体只看成是国家权力体制安排的结果，重新认识它们作为独立诉求主体的存在，就不宜采用地方政权这种纯功能性的概念，即地方政权在定义上只是国家权力在纵向分解实现过程中产生的结果，而没有考虑它与社会共同体之间的独立关联。

② 参见周叶中：《宪政中国研究》（下），武汉大学出版社 2006 年版，第 356-357 页。

但各民族、宗教社会共同体之间关系融洽，或杂居，或独立聚居但不足以形成独立的国家，也会组成单一制，如中国、英国、法国等都有这种情况。第二，在地理条件上，疆域并不是决定的因素，瑞士和中国分别实行联邦制和单一制就是例证；在不同区域之间，联系较为松散的，如群岛国家马来西亚就倾向于形成联邦制；而单一制国家一般疆界之内能够推进顺畅的交通交流，这是有利于形成同一性的客观条件。第三，历史传统则是很重要的影响，一般在传统上实行集权制的国家倾向于建立单一制国家，而殖民地国家因为受到外力影响发生了社会内部共同体之间的分割和分裂，则会建立起联邦制国家，如印度。

总体而言，单一制国家相比联邦制国家而言，既在理论预设中对社会共同体的整合度以及次国家单位的同一性提出了更高的要求，也对理想中设计的国家提出了高度整合的要求。换句话说，单一制理论建立在社会高度同一的预设基础之上，它对于国家纵向权力结构形态的理想模型是：中央政权根据对全社会高度同一的需求判断，以唯一的原生性权力为原点，自上而下地进行各层级的授权，分别建立起层次分明、各次国家单位政权权力单元整齐划一的"金字塔"式的权力结构。无论社会共同体之间是否真的符合这种高度同一性，但是起码在宪法和法律的文本制度层面上，次国家单位政权通过对统一中央政权的服从，执行统一国家意志，单一制国家也反过来不断促进着社会共同体之间同一性的形成。

当然，我们还是坚持单一制这个前提和语境，即单一制例外在制度逻辑上，其制度地位、权力与组织的产生仍然遵循这样的表述：单一制国家中央政权根据主权性地位，统一行使宪法和法律上的组织权力，自上而下地授权或认可一定范围内的社会共同体，作为次国家单位，根据自身的特殊情况，授予其在特定事项上享有一定自主性权力，根据统一权力结构体制的设计组建本级政权，执行中央政权的意志。可是，其中的问题是：单一制例外所对应的次国家单位，为什么能够在"金字塔"式纵向权力结构中获得"例外"的特权？而单一制国家又为什么愿意下放特定领域的权力，这种权力下放的界限到底在哪里——而且，从这两个例子所代表的"单一制例外"看来，它们和当前兴起的地方分权与自治还存在差别：深入观察这些单位享有的特殊地位，它们在制度结构中，之所以能够在特定领域享有较高的独立性及与之相匹配的"例外"权力范围，本质是因为相应领域内的事项，并不能适用其他同级单位相同的权力支配结构，甚至会"排斥"中央政权的相同或相似权力支配介入，与其说它们的"特权"是中央政权单方意志所能控制的"放权"结果，毋宁说是中央的一种"妥协"安排。从政治实践经验来看，中国少数民族地区享有的民族文化独立性、英国北爱尔兰享受的特殊地位以及希腊阿尔索斯山在宗教方面的"特权"，名义上是中央统一宪制的结果，事实上并不由得中央"予取予夺"——相形之下，中央所推进的分权和自治，地方所享有的独立性则根本上取决于中央"放权"的范围和程度。

二、来自"地方分权制"的挑战

首先在进行概念界定之前，我们还需要先解决这样一个问题，以帮助确定未来讨论的语境到底是单一制，还是业已革新了的结构形式。

从单一制传统理论范式来看，国家的构建逻辑，是以中央政权的配置意志为最终规则。既然单一制例外的地位和权力范围，不完全依循中央政权单方意志，作为单一结构中的"异己"因子，例外单位的存在除了在逻辑严密性上构成了单一制理论范式的"挑战"，它引起的是我们对单一制结构本身的思考——单一制结构中，为什么会存在例外单位：它们到底是隶属于单一制次国家单位的一种，即可以通过单一制理论体系的发展和完善对它们的存在现象予以解释；抑或是根本就标志着另一种国家结构形式出现的契机？

应当说，理论中的理想模型和现实总是会存在差距的，然而理论的生命力仍在于它对现实的解释力。理想模型和现实的差距是否足以构成对单一制理论的根本修正甚至是彻底否定，取决于现实的变化是否根本地超出了单一制理论框架所能解释的范围。相比第一种设论，要系统解释单一制例外在单一制国家中的发生和发展原理，涉及对单一制国家本身构建历史、单一制例外的产生基础以及它与单一制国家之间的关系等多个方面进行系统论述；而第二种设论，验证是否单一制例外已经否定了单一制，或者新的国家结构形式是否业已有了作为独立类型的基础，相对比较简单。所以，我们首先就第二种设论进行思考：到底单一制例外是否构成了权力结构根本革新的契机？

解释这个问题，其实也是对纵向权力配置理论新发展中出现的一类现象作出总的回应：那就是地方分权制国家。

这种自称为"第三类"国家的结构形式，以"多元"和单一制的"中央集权"特点相区分，在地方分权和自治改革在全球推进的历史背景下，提出了这样一个观点："世上没有完全单一制的国家。至少每个国家都是有地方分权单位的市镇组成。"①

即使没有否定单一制，但在他们的理论表述中，单一制不再是一种"基本结构"，反而成了一种"结构因素"。而且在被列入地方分权制国家的名单中，不乏英国、西班牙这些"老牌"单一制国家，那是否意味着单一制已经成为一种"即将过时"的结构形式了呢？

这个命题的基本逻辑其实是：地方分权制国家开始改变单一制国家中，中央和地方在统一结构中的地位和关系，由此，单一制所代表的中央集权，以及中央作为垄断性的主权权威代表者身份，随着地方分权和社会自治的推进，地方权力不断上升，而社会自治的权威和地方权威开始在政治体制内拥有独立性。甚至受到"全球公民社会"理论和欧盟"超主权组织"实践的双方面影响推动，地方分权制倾向于以日益多元化的社会为基础，重新阐释主权理论。他们主要是淡化主权以及主权权威唯一代表的中央政权，在统一政治权力体制内的主导性而强化次国家单位，尤其是具有特殊性的单一制例外权力的独

---

① ［瑞士］J. 布莱泽：《地方分权——比较的视角》，肖艳辉、袁朝晖 译，温珍奎 校，中国方正出版社 2009 年版，第 2 页。

立性。①

总的来说，地方分权制这种国家结构形式理论对单一制理论提出质疑，它提出部分在传统上被认为采取了单一制的国家已经在现实过程中改变了纵向权力结构的配置原则和运行规则。

到底是不是真的出现了向第三类型国家结构形态发展的趋势，需要对地方分权制国家进行一点简要的说明。

自从地方分权和自治理念兴起后，地方分权制这种国家结构形式理论对单一制理论提出种种质疑，它提出部分在传统上被认为采取了单一制的国家已经在现实过程中改变了纵向权力结构的配置原则和运行规则。如果不在理论上首先对所谓"第三类国家"的主张进行系统的回应，就很难解释为什么还是坚持采用单一制这种理论分析模型来分析种种享有"例外"权力地位的次国家单位现象，也很难对将要纳入分析范畴的次国家单位划定明确的外延。

地方分权制，也称多元制，对这类国家纵向权力配置实践的总结起源于"二战"之后部分单一制国家推行的地方民主改革，它是指中央政权将部分权力，主要是进行社会公共事务管理的行政权力，以及部分与之相关的立法权力通过宪法、宪法性法律或其他法律文件授予次国家单位，使该区域的社会具有较大的自治权以及相应的自主能力。现在被认为是这一类国家典型代表的是西班牙，其次是英国。之所以这两个国家被高度重视，不但是因为它们在战后采取了大量地方分权的改革政策，更是因为它们明确在分权改革的政策立场上宣布要改变本国历史传统上的中央集权色彩——中央集权正是单一制国家的重要特色，正是这种和中央集权"划清界限"的声明使这些国家的

---

① 比如 Stephen Tierney 在分析"次国家民族共同体"（sub-state nation）运动的时候，虽然他最终说在主权范式下可以解释其运动并找到推进改革的路径，但他还是提出这样一种"似乎共识"的观点作为论述的铺垫："当国家主权这个概念本身都正在失去它的意义的时候，为什么次国家民族共同体（sub-state nation）总是要老调重弹地坚持寻求'国家地位'（statehood）？" Stephen Tierney: *Reframing Sovereignty? Sub-State National Societies and Contemporary Challenges to the Nation-State.* International and Comparative Law, 2005, Jan., Vol. 54, 161.

分权改革区别于其他单一制国家"鼓励地方自主发展"的改革,被认为是触及根本权力结构的深度变革。所以,虽然地方分权制国家出现的时间和范围都还有限,并且"分权"还只是处在一个模糊的探索阶段,但在对它形成统一概念认识之前,就已经被提出是和单一制、联邦制并存的第三类国家结构形式了。

客观地说,现实的发展的确会给传统理论带来各种挑战甚至冲击,尤其是在一种根据现象总结而产生的理论类型化分析中,国家结构形式理论对单一制和联邦制两种国家的划分和类型化分析正是属于这种。但是,是否地方分权制国家真的足以根本改变到传统的类型化分析框架呢?或者说,在地方分权和地方自治的制度发展过程中,是否真的会导致单一制这种国家理论成为一种纯粹的理论假设呢?

一方面,从地方分权制国家这种现象和理论本身出发来看,它首先都不存在一个成熟的概念界定,地方分权制仍只能借助于比对单一制和联邦制进行描述,只能说明它在纵向权力结构中的地方权力在量性安排方面"比联邦制国家更促进统一,比单一制国家更少导致权力集中",而尚不能提供一个明确的界限区分于传统的两种国家结构。连致力于研究这种体制的学者也承认,"如果要探究地方分权制国家的定义时,此断语就不那么令人满意了"。① 总而言之,这些国家(目前主要是意大利和西班牙)所出现的地方分权实践模式仍然遵循传统单一制理论从中央向地方授权的规则,只是程序上地方单位的主动性增强而已。也就是说,除了在次国家单位一级的结构发生了纵向权力配置中组成单位的权力扩大之外,由中央政权统一自上而下进行授权的这种唯一主权性权力中心的基本结构并没有发生根本改变,"金字塔"式的权力顶端和基本架构仍然能够容纳在分权自治过程中扩大的次国家单位政权组织,所以对目前国家结构形式的实践形态,从纯粹理论角度进行认识的话,仍只存在单一制和联邦制两种类型。

---

① [瑞士] J. 布莱泽:《地方分权——比较的视角》,肖艳辉、袁朝晖 译,温珍奎 校,中国方正出版社 2009 年版,第 12 页。

另一方面，单一制本身并不排斥分权和自治，所以在传统的理论框架中，对单一制国家又出现了中央集权单一制、地方自治单一制、中央地方均权单一制以及民主集中单一制等进一步的细化分类。① 这就是说，地方分权自治改革虽然是单一制国家在对联邦制进行借鉴的基础上推行的权力结构改革，但是这并不是对自我的否弃，而是对自我的发展。

从单一制所隶属的理论体系来讲，它的上位概念是国家结构形式，它最早来源于前苏联，列宁最早将之称为"国家结构"，并在20世纪30年代正式成为宪法概念，用以指称民族国家通过权力配置获得社会实现的结构——是民族国家民主建国方式和由此产生的民主国家权力实现方式的概括。50年代，这个概念传入我国，演变为"国家结构形式"，指国家纵向权力配置结构中，各权力单位的实质地位和相互关系，成为我国宪法学研究的一个重要范畴。② 虽然在传入之后这个概念不再被强调其价值指向，但是从其概念的发展缘起来看，国家结构形式，或纵向权力配置都是从属于民主实现的制度安排。也就是说，无论是联邦制还是单一制，它们都似乎是民主制度实践的具体模式，从属于同样一个价值实现的过程，相互借鉴是理论自我发展完善的正常途径，并不意味着自我否定。在这种条件下，与其说地方自治和分权强化了地方政权的独立性，毋宁说它只是单一制通过强化实质民主，不断发挥其价值功能的结果。

更何况，不但是单一制向联邦制有借鉴和过渡的趋势，反过来，美国联邦政府权力根据"州际贸易管辖权"不断扩展中央权力就是联邦制中央权力扩大、向更强大的中央权力发展的一个实例。两种纵向权力结构相互借鉴，并不能作为质疑单一制理论的论据和理由。

不过，虽然不能因为地方分权自治的实践而认为单一制时代已经

---

① 参见童之伟：《国家结构形式论》，武汉大学出版社1997年版，第220-222页。

② 参见童之伟：《宪法学国家结构形式范畴形成史考略》，载《武汉大学学报》（哲学社会科学版）1995年第4期，第53-57页。

在某些国家结束,这些国家结构形式实践中的新形势却说明了单一制的实践并不是按照其理论设计的轨道所运行。量变引起质变,目前"金字塔"式的权力结构还能够容纳次国家单位政权不断发展的现实,但这种统一的结构还能在多大程度上继续容纳次国家单位政权的发展变化——虽然单一制理论目前还没有明确的标准回答,但是从国家纵向结构形式的基本原理来看,采取特定的纵向权力配置结构和运行体制,是抽象的国家权力通过统一组织体系在全社会范围内获得实现的方式和路径,国家正是借此在全社会内分层次、分区域地建立起一种统一的权力秩序,在这种秩序化的发展过程中实现国家职能和国家目的。① 换句话说,无论是单一制还是联邦制,保持主权国家在全国范围内建立起来的权力秩序的统一性和稳定性始终是特定权力结构形式的基本功能。所以,一旦出现次国家单位政权在发展过程中出现了对国家统一主权的背离,或者,在国家通过纵向权力配置的过程中,出现了对国家统一权力秩序产生根本性冲击的因素,都意味着这种纵向权力结构的容纳能力遇到了它的极限——相比地方分权自治,或地方分权制理论,正是这类次国家单位的发展才对单一制国家"金字塔"式权力结构构成了根本的冲击。

接着回到前面的问题,既然第三类国家这种设论不能成立,我们又开始思考第一种设论,即还是要来重新认识单一制本身的构建原理,而这些例外的单位,就是认识的切入点。

---

① 从国家基本的产生意义上来讲,它是社会追求秩序化生活的组织,除了作为国家得以存在的基本功能之外,建立一种稳定的秩序也是国家组织在实现自我目的的过程中所必须的条件。在这个过程中,国家实现秩序建立和维持的根本力量是权力。归根结底,国家统一权力秩序的建立和稳定发展,是统一主权国家在社会中获得实现的必然要求和基本路径。而这种权力秩序,在静态上正是"权力结构的平衡",在动态上则意味着要求权力结构各部分为了维持系统功能而相互之间保持一种协调性;其中,纵向权力配置的结构形成和有序运行正是统一国家通过权力秩序实现其职能及目的的形式之一。参见江国华:《权力秩序论》,载《时代法学》2007 年第 5 卷第 2 期,第 24-26 页。

三、补全构建主语：社会共同体

采取单一制例外这个视角，其实是一种"中间路线"重现单一制国家构建的"前国家状态"。我们认为：相比启蒙时代以来经典的"社会契约"模型，从个体到国家，中间跨越的社会共同体阶段可能是"更接近"历史真实的构建主体。个体在先国家状态下的理性程度、行为动因是难以作出规范意义上的判断的——所谓"无知之幕"下，无论是霍布斯所说的"人与人为敌"还是卢梭、罗尔斯所说的理想状态，都不准确。只有构成具有主体意识和起码秩序化的行为方式，才能够讨论个体或社会在构建国家时的意识状态与行为方式。所以单一制例外也好，次国家单位也好，哪怕是单一制国家这个更高程度的统一体，我们在构建行动中始终坚持从它们作为社会共同体的这个身份切入，在"补全构建主语"的时候，以期找到更有行动能力的主体，并且它们的行动更符合规范建制这种表达。

在说社会共同体之前，我们必须要界定这个被广泛应用而内涵模糊的主体。

首先要说明，社会共同体和共同体，并不是同一种主体。

共同体，在鲍曼以其为题的著作《共同体》开篇，他就生动地提出"欢迎捉摸不透的共同体"，"无论这个词可能具有什么含义"，大家总用一种"不错的感觉"来使用它。但是到底什么是共同体（community）？它的核心含义和现代社会作为一个统一行动主体是同质的吗？从它们各自赖以形成和独立存在的核心基础来说，它们不是一类事物：

"共同体"所具备的"共有的理解（common understanding）"不是现代社会所谓的"共识（consensus）"，后者是建立在分歧结构上通过博弈达致妥协的结果，而"共同体风格的"共有的理解则是"不带感情的理解"，"内在与本体而存在"，它"自然而然"地"就在那里"构建了一个罗森伯格（Goran Rosenberg）所说的"温馨圈子"，它否认任何"人为制造"并在可见的反复研习或靠监督养成的

"习惯"，这种被推到极致的自生自发以至于"'提起'共同体（更为准确地说是：一个共同体提起它自己），确切地说，是一个悖论"。①

但即使我们不去追问这种"不言而喻"、"不证自明"的共有的理解如何生成——绝不是"自然而然"的，顶多它存在于前见，甚至沉淀在潜意识、无意识的层面，规定了可能进行认识的最基本工具和思维结构，即"先于所有一致和分歧"，而只是未能找到自我表述的工具、符号和路径罢了——即使这样承认，"共同体"要维护这个牢固的内部凝聚力来源，"完好无损的一致性，依赖于封锁与他们所栖息的世界之外的交流渠道"。甚至可以说，作为共同体成员这种理所当然地对彼此以及这个"圈子"的期待，带有一定的盲目性。

这不是我们要找的有对外行动能力和自我认知的主体——由此进入一个更具有公共和开放性的场域：社会。此时，其实应当认为是"纯粹"或原始意义上的共同体的结构开始受到外部的冲击，它所赖以生存的那种核心基础，由于"信息流已经从物体的运输中获得了解放"，② 盲目地排他已经在信息的解放中开始崩溃，个体走出来重新来判断"我们"、"他们"，并要寻求独立的价值判断依据——无论是理性人的利益关系，或是自然状态下的传统联系或血缘伦理——此时所有的"同质性"或"一致性"都要被主体发掘和"创造"。应当说，社会共同体是在"背叛"共同体存在的基础这个意义上才产生的。应当说，"共同体"和"社会共同体"之间的关系，就像资本主义萌芽在封建主义的内部一样：社会共同体既建立在共同体的基础上，继承了这个共同体的基本内核，但也打破了它的外壳并对内部结构进行了改造。

也就是说，我们赞同将共同体和社会共同体在自觉性意义上，存

---

① ［英］齐格蒙特·鲍曼：《共同体》，欧阳景根 译，江苏人民出版社2003年版，第5-8页。

② ［英］齐格蒙特·鲍曼：《共同体》，欧阳景根 译，江苏人民出版社2003年版，第9-10页。

在历史演进关系上的区分，但是并不认为共同体真的纯粹与社会共同体存在根本分野，它的内核仍然包含了一定的意识判断，只是它的意识判断已经完成了"自生自发化"。

韦伯在谈到共同体的时候就指出了这个问题，"所谓'共同体'关系（Vergemeinschaftung），是指社会行动的指向——不论是在个例、平均或纯粹类型中——建立在参与者主观感受到的互相隶属性（Zusammenangehörigkeit）上，不论是情感性的或传统性的关系"。当然，他也区分了基于自发的"共同体"和基于"理性利益的动机（不论是目的理性或价值理性的）以寻求利益平衡或利益结合"的选择而组成的"结合体"，① 但在共同体关系中是否真的就没有"选择"或"人为"的因素呢？应当说，第一，定义为一种结成的"关系"就意味着是进入社会性或准社会性的有意识的人才会作出的行动的结果；第二，所谓"主观感受到"隐含了对主体意识、潜意识和无意识的区分层次——也许韦伯自己都是在"潜意识"甚至"无意识"的状态下作出了这种表述，但无论如何，他的表述是精准的——共同体的自发化只是经过历史沉淀后，人为性逐渐淡去之后的表象，他自己说要成为共同体，即"共同体化"，"只有当这感觉导致彼此行为的相互指向时，一种社会关系方才在他们之间产生"。而这种相互的、"双向性"的彼此期望，是在持续、稳定环节中重复发生才会逐步形成的。由于这种长期的行动最终成为一个集体"规律性"的稳定期待，或者只要在该集体中，就能够期待"一种社会行动取向的规律性有实际存在的机会"，这就产生了我们通常所说的习俗或风俗，只是日久，"习以为常"演化成了"自然而然"，当习俗在社会或集体中成为共遵的"习律"，就发生了共同体化。②

话说回来，我们也并不赞同太过理想化地将"共同体"描述成

---

① ［德］马克斯·韦伯：《社会学的基本概念》，顾忠华 译，广西师范大学出版社 2011 年版，第 76 页。

② 参见［德］马克斯·韦伯：《社会学的基本概念》，顾忠华 译，广西师范大学出版社 2011 年版，第 56-59、79 页。

"自然而然"的"同质性"集合，或者将它们与加入理性判断和选择而在对外交流的条件下形成的"社会共同体"完全分别地"标志"了两种集合性主体。恰恰相反，历史没有断裂，社会共同体仍是在共同体基础上生成的、更具有自觉性的集合性行动主体。而且只有去深入追问"共同体"的"人为"层面，才可能为"社会共同体"的行为找到更基础的规则。对于这种认识方式，杜赞奇在分析民族国家主体的历史构成时，就曾经强调过。不过，他并没有前溯太远，在分析近代史的语境下，他直接批判的并不是共同体的界定方式，而是"现代与前现代这两极之间"，过去将民族作为唯一的、统一的政治共同体，有意识作出行动，"是一种假设"：它把民族在"作为现代主体性的载体"的时候，把它的知识体系（意识）实行了一种"与过去的所有联系"的"决裂"，这混淆了"现代组织形式的新颖性甚至革命性以及完整的自觉的集体主体所具有的意识的极端新颖性"。这种黑格尔式的"理性国家"彻底式的统一逻辑，在统一民族国家历史叙事中将"'历史'的统一的集体主体假设为可能的、而且只有在现代才是可能的"，① 实际上否定了个体以及次国家层级社会共同体相对独立存在的空间，仿佛在统一的时候就完成了主观选择和自我独立意识的历史终端——这也正是单一制过去理论叙事简单化隐藏的危险，它没有给次国家单位留下独立的权力空间，在逻辑上留下了一种客体化的地位，容易陷入这种完全统一化的误区。甚至更危险的是，认为所有的都统一到唯一的权威核心就"消灭"或"终止"了任何独立的权力诉求，这种完全同一化还将导致一种权威中心的话语优势和霸权化倾向，对于国家组织这种和社会本应当坚持二元分立结构的功能型组织而言，无异于为它创造了一种扩张权力、建立对社会全方位"内化"和"一体化"的借口。

所以，从一开始在认定统一民族国家构建主体的时候，杜赞奇就

---

① ［美］杜赞奇：《从民族国家拯救历史：民族主义话语与中国现代史研究》，王宪明 译，社会科学文献出版社2003年版，第42-43页。

提出："统一的自觉的主体只不过是一种抽象的东西"。①

也许得益于他选取的分析对象，除了长久奉行"大一统"集权体制的传统中国，还有各地方独立性非常突出以至于选择了联邦制建立民族国家的印度，使他能够认识到：虽然"从短暂的意义上说，民族也许可以作为一个统一的主体存在"，然而"民族自我可以包含多种较小的'他者'——使相互之间不易和解的历史的'他者'以及正在形成中的潜在的'他者'"。② 此时的统一，就只有在相对意义和有限意义上才存在，并不终止其他次国家社会共同体的继续和发生。

此时还是回到"共同体"以及"社会共同体"作为构建主语，这两种形态的历史承续关系的问题上。只要不混同地认定"共同体"赖以维系自身"完好无损的一致性"的内核是一个不可分离的整体，而将之进行结构剖析，就可以发现它之所以会构成"社会共同体"统一性基础的部分，是因为并不是所有的内容都构成了共同体得以成为一个统一行动体的根本规定，也并不是所有的内容能够进行我者和他者区分。所以，当交通物流和信息交互的发达，"信息可以独立于它的载体，并以一种远远超过甚至是最先进的运输方式的速度进行传递"，虽然此时"内部"与"外部"之间的界线再也无法划定，更别说维持下去了这种"共同体"面临崩溃危险，但实际上真正规定内在独立性的那部分始终没有动摇。

杜赞奇将共同体在对外交往过程中，始终保持内部独立性的一种内外界分标准称为"刚性边界"；而曾经作为识别自我和指称"他者"的其他标准，则在外部交往中，能够与其他共同体实现共通抑或共融，甚至可能最终消失，基于这个过程，"历史群体"便完成了"将具有多种政治群体表述的社会改造为单一的社会统一体"，这部

① 参见［美］杜赞奇：《从民族国家拯救历史：民族主义话语与中国现代史研究》，王宪明 译，社会科学文献出版社 2003 年版，第 43 页。

② 参见［美］杜赞奇：《从民族国家拯救历史：民族主义话语与中国现代史研究》，王宪明 译，社会科学文献出版社 2003 年版，第 43 页。

分则是"柔性边界"。

需要说明的是，杜赞奇对边界的类型化分析，是对界限相对模糊的群体而非共同体提出的。不过，当我们看到共同体在与外部实行交流的过程中，向社会共同体"转化"的过程中，其边界的变动、调整以及社会共同体将根据构建理性所具备的"弹性"，其实和群体在识别自我和与外部交往中发生自我认知调适的原理，具有异曲同工之妙。

先来看"模糊"了内部和外部界分的"柔性边界"。如果一种边界标准"代表着一个群体但又不阻止这一群体与其他群体分享或自觉不自觉地采纳其他群体的实践"，这部分可能是"柔性的界限"，①而不是根本规定共同体独立性的"刚性边界"。

什么是刚性边界？杜赞奇并没有直接下定义，但是他是这样对"刚性边界"作用于群体独立认同的方式进行阐述的："当群体界限的观念被改造，即当柔性的界限变成刚性的界限的时候，新的民族已经开始形成。当一个群体成功地将一种传承（discent）或异见（dissent）的历史叙述结构施加于他样的和相关的文化实际之上的时候，此种情况便会发生。"②

其实是这样来理解的：没有一个主体是完全隔离与外部的交往而实现自我和"他者"的区分的；鲍曼等人在强调"共同体"完美一致性的时候，只是表述了个体在固定群体内生活时能够遵循一种自然化的行为秩序，其完整的独立内核不是基于外部而是基于内在，它们奠定了一个独立主体产生的基础。而只有进入与外部世界进行交流的环节，才有可能发生自我主体认同和对外边界划定的需要，由此也才可能产生与"他者"相对存在的"自我"，所以主体正是在不断受到外部信息冲击，明晰内部自我规定为一个共同体的内核具有的几个层

---

① 参见［美］杜赞奇：《从民族国家拯救历史：民族主义话语与中国现代史研究》，王宪明 译，社会科学文献出版社 2003 年版，第 54 页。

② ［美］杜赞奇：《从民族国家拯救历史：民族主义话语与中国现代史研究》，王宪明 译，社会科学文献出版社 2003 年版，第 55 页。

次，固化"刚性"的部分，而调整柔性的那部分，才在意识层面上凸显了自身的独立性，并对外作出了行动。

由于在交往的意义上，共同体相当于一个放大了的个体，进入了社会公共的领域中，逐步成为一个社会的共同体，它在社会中的自我认识和对外行动，都基于原有拟制状态下的独立"一致性"。形态上，共同体和社会共同体的历史延续关系大抵如此。

放到统一的单一制国家和次国家单位当中来看，尤其是单一制例外这些具有极强独立自我认同色彩的主体，它们所凸显出的，是这样一种历史过程——由此也构成了之后我们分析单一制国家在历史整合过程中，构建其权力体制的各主体及其行动方式的基本范式：统一的民族国家作为政治共同体——社会共同体发展为更为高级的主体形态——的时候，曾经内部由若干共同体，调整其"柔性边界"，融入更大范围的共同体中，此时，发生了两个重叠的历史过程或事件：共同体调整边界的行动实际是有意识析分自己内部基于历史沉淀形成的"浑然一体"的"一致性"部分，由此发生了它们的社会共同体化自觉；而社会共同体根据这种自觉意识能够作出理性选择，整理内部和外部的关系，多个社会共同体进行柔性边界调适的过程，就沉淀为它们作为新的更大范围的统一共同体的刚性边界，由此"缔造"了形成政治统一体的社会共同体，当它再次完成政治自觉就发生了民族国家政治化构建的行动，也就由一个统一主体构建了自我存在形态为单一制而非多个主体缔约明确保留自我独立性的联邦制国家。此时的唯一主权性代表单位，源于构建单一制国家的主体是建立在多层次社会共同体的统一政治认同基础上，始终保留了一个政治主体、一个政治主权所在的规定。只是需要注意在这个过程中，始终没有谁完全放弃了自我存在，否则在逻辑上也就消灭了作出边界调整和融入认同的行动主体，即次国家单位在这种意义上始终是先于单一制国家并且持续独立存在的社会共同体。

那么，我们不妨作出这样"大胆"的假设：与其认为单一制是中央政权理性构建的结果，毋宁说它包含了基于历史的妥协——虽然不能说全部，但在作为例外的次国家单位这个事实层面上，起码可以说明这种历史的妥协是客观存在的。所以,之所以单独提取单一制例外这种特殊的次国家单位,还因为出于分析的审慎:作为人为设定的分析范畴,我们将其设定为这些具有先国家独立性的社会共同体,以与单一制国家内,主要依据中央统一权力执行需要而划定的次国家单位相区分。我们认为,单一制例外将是这样一些单位:它们能够作为构建主体参与到整个国家的构建行动中,并在成为统一的政治共同体之一部的时候有能力将自身的独立性特征灌注到统一政治国家构建的主体意志中,由此就构成了单一制纵向权力配置结构中的"妥协"安排。

四、新的范畴:单一制例外

要从单一制例外切入,从主体的行动角度理解单一制国家的构建原理,虽然提出了各种切入的思路,但最终还是留下了一个问题:什么是单一制例外?

作为分析范畴,"单一制例外"是针对单一制国家中,制度地位上享有特殊待遇、形态上具有非单一性现象的次国家单位。可是这个概念并不能揭示制度地位上特殊待遇或形态上"非单一性"到底具有什么特征?毕竟上面我们已经谈到,地方分权和自治改革的推进,次国家单位的形态在自治和分权的过程中呈现出各自的独特性是一种意料中的事情,但这并不能代表它们都是单一制例外,泛滥的界定并无益于我们展开分析,借由具有独立性主体意识和行动能力的单一制例外来观察单一制国家的构建历史。

正如博登海默曾经提出的:"概念乃是解决问题所必需的和必不可少的工具。没有限定的专门概念,我们便不能清楚地和理智地思考法律问题。没有概念,我们便无法将我们对法律的思考转变为语言,也无法以一种易懂明了的方式把这些思考传达给他人。"① 要充分挖

---

① [美] E. 博登海默:《法理学——法哲学及其方法》,邓正来、姬敬武译,梦觉 校,华夏出版社1987年版,第465页。

掘"单一制例外"这个范畴所代表的次国家单位在制度上反映的信息，完成建立全新的分析模型等任务，那就首先要进行概念界定。

用莫里斯·柯恩（Morris Cohen）的话来说，一个得到科学界定的概念，能够"将多种多样的现象安排有序并结合在一起，因为过程或关系具有某种真正的统一性，而这种统一性则构成了这些现象之间的一致性成分"。① 也就是说，作为对一种现象的总括，概念除了能够在外延上完备地囊括作为认识对象的现象，根本要求在适用的过程中，在任何指称的过程中，能够使对象一致符合这个概念对现象内在本质所确定的标准，这才能保证所创造出来的概念所囊括之现象，具备内在的统一性或一致性，以与其他现象相区分。概念这种"识别和区分社会现实中所特有的现象"功能，可以说既是在进行概念界定和使用时需要严格把握的标准，也是检验一类现象是否属于一个概念指向之事物范畴的标准。

所以，在使用单一制例外这个概念工具之前，需要对其概念进行界定，这也是对单一制例外现象的研究意义，以及研究角度进行系统思考的一个必要工作。

概念界定，是对现象背后普遍规律进行抽象概括的理性认识活动；在进行抽象概括之前，需要先对认识对象作一些现象层面问题的澄清和梳理。

首先，单一制例外是用来概括单一制国家中，在适用宪法上关于结构形式规定时，享有例外待遇的特殊单位。例外基于宪法和宪法性法律对基本权力体制的规定而产生，它们和其他次国家单位相比，不是所享有的权力大小范围问题，而是权力地位具有特殊性。总之，这些单位的"例外"地位，应当是依据宪法或宪法性法律。因此，它们应当表现为一国宪法或宪法性法律规范明确确认的一级权力主体。不过这并不排除不同单位在享有例外待遇的权力领域可能存在差异，比如有些单位享有的主要是宗教特权，如希腊的阿索斯山自治修道院

---

① ［美］E. 博登海默：《法理学——法哲学及其方法》，邓正来、姬敬武译，梦觉 校，华夏出版社 1987 年版，第 465 页。

州,而有些则享有的是行政特权,如中国的香港行政特区、澳门行政特区等。

此外,需要强调的是,受到地方分权自治理念的影响,单一制国家推行地方分权自治改革已经成为一种普遍趋势;并且分权自治作为一种民主实践形式,很多国家为了保证这场民主改革的稳步推进,都采取了根本权力制度变革的方式,即在宪法或宪法性法律等根本法层面采取地方分权自治单位的权力规定。正因为这个原因,才会产生所谓部分单一制国家向地方分权制国家演变的观点。

从形式上看,受到地方分权自治改革影响,当前次国家单位中很多地方自治单位,也具备了和单一制例外相同的特征,即根据单一制国家中央政权根据宪法和法律的授权而享有一定范围内的自治权,成为普通行政区域以外的特殊单位。可是,只要从"分权制"的逻辑来说,无论自治权的形式依据是什么,甚至自治程度极高,但它们的权力始终还受到中央政权单向控制的,甚至它们在纵向权力结构中,在所享有的权力性质层面上,并没有和其他分权单位存在根本差异。只是国家统一安排的具体设计上可能存在差异,但大多数时候,这种差异将会在时间的维度上逐渐缩小,甚至可以说,这种差异性是一种为了"趋同"而针对次国家单位先天条件的差异性,作出的"差异化"安排。而单一制例外的特殊,则在于它们的例外性或独立性,已经不是中央政权"放权"可以解释的,是单一制国家纵向权力结构的基本规定在适用过程中必须"迁就"的次国家单位。这就是说,要区分一个次国家单位到底是地方分权单位,还是单一制例外,固然其权力地位的规范依据非常重要,但这并不是唯一的,即必须还要从结合特定国家纵向权力配置制度中的基本规定,以及特定次国家单位政权的权力性质和权力内容来进行分析和判断。不能随意夸大单一制例外存在的范围。

其次,虽然宪法或宪法性法律在规范文本中对这些例外单位采取的特殊权力规定是对单一制例外进行外观识别的标准,由此会因为文本规定而产生一种"错觉",即单一制例外属于宪法或宪法性法律制度设计的结果,属于"构建"的单位。然而,这种规定方式只是为了符合单一制国家在纵向权力配置方面的理论逻辑，即所有的次国家单位权力都本源于唯一的主权性权力单位①——中央政权。

然而，单一制例外的自治权范围，以及它们在本单位内组建起来的政权组织已经成为单一制国家政权基本规定的例外适用对象——无论是怎样的国家结构形式，通过统一宪法和法律规范体系表现出来的国家存在方式都必然以体系内各权力单位适用统一的基本规定为前提，② 这是主权统一性的直接和必然要求。也就是说，只有当存在这样一些次国家单位政权，它们的存在会突破单一制国家统一规范体系的基本规定时，才能够说，单一制那种以中央独占主权性权威、下级权力单位整齐划一的"金字塔"式理论模型受到了根本冲击。

由此才会出现这样一系列问题：既然所有次国家单位权力都是授权的结果，何以会有不同的授权？更何况这种授权差异并不是简单根据因地制宜而进行的政策调整，而是在根本权力结构当中，由主权性权力单位设置了对统一主权意志存在部分自我限制的空间，在此空间内，例外单位成为国家权力结构形式统一规则适用过程中的"特权者"。然而，权力的天性是扩张，而不是自我限制；主权虽然具有至上性，但是它也存在其他制约，最关键的制约就存在于具有先决效力的基础规范。③

因此，应该承认，主权性权力单位采取这种制度构建不是纯粹出

---

① 参见童之伟：《单一制、联邦制的区别及其分类问题探讨》，载《法律科学》1995 年第 1 期（总第 61 期），第 35 页。

② 因为此处要从规范文本上进行权力结构中次国家单位的分析，所以借鉴了凯尔森规范法学分析方法的视角。参见［奥］凯尔森：《法与国家的一般理论》，沈宗灵 译，中国大百科全书出版社 1996 年版，第 124-125、203 页。

③ 关于基础规范对于缔造国家这个规范体系的作用，凯尔森提到"什么东西使许多规范成为一个体系？"即通过基础规范作为先决规则，使国家成为一个具有体系性的规范体系以及秩序，并由此能够使国家作为一种虚拟主体具有统一意志并以此缔造一个具有正当性和体系性的国家。参见［奥］凯尔森：《法与国家的一般理论》，沈宗灵 译，中国大百科全书出版社 1996 年版，第 124-125页。

于独立主权意志,而是受到基础规范通过制宪权对主权进行限制的规定作用,在部分情况下,基础规范也可能通过修宪权表达出来。总而言之,基础规范设定这种限制的根本原因源于单一制例外所赖以存在的社会共同体在成为单一制国家统一社会共同体的一员之前所存在的高度异质性;这种高度异质性在被整合到统一主权的过程中时,成为制宪权对主权意志设定的基础规范限制。故而,单一制例外这个概念所指称的对象不是宪法中的所有分权单位或自治单位,而是被宪法或宪法性法律规范所确认其内在异质性的特殊单位,即它们所享有的"特权"或"例外"都是以内在异质性为基础,而不能以主权性权力单位的单方意志为转移——也正是出于这一点规定,单一制例外和现代社会自治理念影响下出现的分权单位存在根本区别:前者的异质性被制宪权所整合,成为规定主权的基础性规范,作为规范,依照奥斯丁的阐述,其本质是命令,一旦违反则会招致惩罚或其他否定性的法律后果,由此主权性权力单位并不能随意取消或变更例外单位的特权空间;而后者的存在以及发展状况则取决于中央权力单方决策的自由。

但问题是,如果单一制例外的特殊地位构成基础性规范,也就是说,正是因为得到承认,单一制国家统一主权才能在单一制例外中获得不同程度、不同范围甚至只是形式上的存在,将单一制例外整合到形式上统一的主权国家权力体系当中,那么单一制国家作为统一法律规范秩序体的基础规范实际上是在统一主权的形式下,在内容上分为两个部分的:适用于大部分次国家单位的基本规定,单一制例外对政权独有的根本需求,可以理解为根据单一制例外独立意志形成的基本规定。只有这样理解,才能够解释为什么单一制例外在纵向权力结构中所享有的特殊待遇不能为中央政权单方意志所变更。

那么什么是单一制例外所形成的基本规定呢?或者说,单一制例外独立的基本规定是如何形成的呢?

是先于统一国家觉醒的共同体意识。

恩格斯在提到日耳曼人征服罗马行省的历史时曾提到,"罗马的行政和罗马的法到处都摧毁了古代的血族团体,这样也就摧毁了地方的和民族的自主性的最后残余……新民族的要素是到处都具备的"，然而无论是"新出炉的罗马公民身份"，还是这些地方"都不具备能够把这些要素结成新民族的力量"，① 由此，罗马各地方行省无法形成组织化力量，只能"把野蛮人奉为救星来祈望"。

在单一制国家获得作为例外的法定地位，是单一制例外外在形态，它植根于这个次国家单位觉醒之后，对自我独特内在需求的认识。然而，仅仅具有独特需求，即恰如罗马行省处处可见的可能形成新民族的要素，仅为一种客观存在，并没有形成一种自觉的主体认识，更没有有意识地在此基础上创造出有行动力的共同体——即未曾"共同体化"，② 它是单一制例外由内在异质性单位转化为单一制国家享有法定地位之次国家单位的关键，也是单一制例外成为主体的主观条件。

作为政治共同体的觉醒，施密特曾在谈到法国大革命的时候说过："法国人民将自己构建为制宪权主体，他们意识到自己的政治行动能力，由此而明确接受了现有政治统一体和行动能力的先决条件，并在这一先决条件下为自己制定了一部宪法。……关键在于，人民意

---

① ［德］恩格斯：《家庭、私有制和国家的起源》，人民出版社 1999 年版，第 153-154 页。

② 韦伯提出："'共同体化'……只有当社会行为的调节……建立在主观感觉到参加者们（情绪上或传统上）的共同属性上。"［德］马克斯·韦伯：《经济与社会》（上卷），林荣远 译，商务印书馆 1997 年版，第 70 页。形成共同体行动，才会在群体内产生对彼此行为产生稳定期待的"谅解"，这种行动发生在伴随约束力时产生"习律"，即一种能够支配群体形成统一意志并统一行动的规范。参见［德］马克斯·韦伯：《韦伯作品集（Ⅲ）：支配社会学》，康乐、简惠美 译，广西师范大学出版社 2004 年版，第 2 页注释①。因此罗马行省各地公民对罗马帝国压榨式统治的反感和对日耳曼蛮族"救星"的期望都只是一种懵懂的共同愿望，只有发生了"共同体化"的自觉才有可能使这种愿望在群体间产生特定的情感上的或传统文化身份上的认同，进而转化为具有统一意志的行动力量。故而，单一制例外在成为单一制国家内部的次国家单位之前，需要有这种"共同体化"的主观自觉，否则不足以产生能够独立认识并表达其异质性的主体单位。

识到自己作为拥有政治行动能力的主体的身份，必欲自己决定自己的政治命运。从某种意义上说，法国人民自己构建了自己。"①

单一制例外的共同体自觉并不必然达至政治共同体的深度，因此它们并不必然在单一制国家制宪权行使时就得以发生。但它们和其他民主化进程中出现的分权单位不同，存在共同体的自我觉醒意味着无论在制宪中是否为统一国家所认识，但它们觉醒到自我异质性并由此对统一权力配置所产生的排斥，早已成为深埋在统一权力配置结构中的隐患，终归要通过宪法实施爆发出来，推动权力结构在宪法层面上的变革。

再次，这个概念所包含的社会共同体往往和一级地方政权所管辖的地域范围相重合，因此单一制例外往往被简单等同于一级地方政权，但这仅仅是因为单一制例外被作为政治国家视野中的存在，由于政治社会"……是按地域组织起来的，它通过地域关系来处理财产和处理个人的问题"。② 以其为基础组建起来的政治国家及其内部单位便容易和地域组织相混淆。但是单一制例外指向的还应明确为统一国家内部存在的特殊社会共同体。只有这种社会共同体，才具有先于统一国家的自觉性，并据此将内在的异质性表达出来，而不等同于单一制国家根据统一主权意志划定行政区划之后进行政权组织建设的地方政权。单一制例外借以存在的现实形态植根于前国家状态下的社会——只是由于一定的社会组织及其生存方式通常和特定的地域范围是密不可分的，但是单一制例外在权力组织的意义上更多地强调其内社会共同体在先国家状态下的自生自发秩序，相对来讲，采用地方政权进行表述则会片面地将其描述成单一制统一主权意志主导下建立起的执行组织。故此，通过单一制例外和地方政权的这种区分，单一制例外的权力组织原则以及组织形式本身也是这个概念所关注的一个重

---

① ［德］卡尔·施密特：《宪法学说》，刘锋 译，上海人民出版社 2005 年版，第 57 页。

② ［美］路易斯·亨利·摩尔根：《古代社会》（上册），杨东莼、马雍、马巨 译，商务印书馆 1981 年版，第 6 页。

要方面，它直接决定着单一制例外在统一权力结构中，和其他次国家单位相比，作为一个异质性存在在统一主权国家中的存在形态以及实现方式。

最后，从权力结构的规范存在形态来看，首先这种规范法学的视角将单一制国家模拟为一个统一的法律规范秩序体，根据这个规范秩序体统一体的依据，单一制国家和它纵向权力结构体系中各组成部分都应当是统一体系作为一个主体所创造出来的结果，"在这里同一个人起着作为创造中央和地方两种规范分别构成不同秩序的机关之间，存在着一种人的统一（personal union）"。① 因此在无论单一制例外的制度地位在多大程度上取决于其内在的异质性规定，但作为单一制国家的一个组成部分，它们仍然需要最终借助于统一宪法规范体系进行表达——这也正是单一制例外作为一种现象总结，在其被认识的第一个阶段，需要在宪法或宪法性法律的规范表达中认识其存在形态。然而另一方面，单一制例外之所以被认为是例外，无论在具体制度上会构成对权力纵向配制的哪些规则构成例外，总归是对中央集权体制的一种例外，在这种意义上，这种例外和分权具有相通的地方，而"分权通常所以被采取就正因为它容许同一事项由不同地区加以不同规定"。因此在分权的精神，或者对集权而言作为例外的规范创造机制当中，"最好是有不同的人来充任不同部分秩序的创造法律机关，从而避免不同秩序的机关出现人的统一"。② 因此，和其他单一制国家内的次国家单位不同，单一制例外在进入统一国家单位之前已经自觉为一个独立的主体，并由此在统一国家单位的制宪权或修宪权的行使程序当中，它们具有独立的表达地位，而不是只作为权力行使的结果而在最终的规范体系中"被产生"，即单一制国家在统一宪法规范体系中对单一制例外的表达，包含着该单位对规范形成过程的参与和

---

① ［奥］凯尔森：《法与国家的一般理论》，沈宗灵 译，中国大百科全书出版社1996年版，第335-336页。

② 参见［奥］凯尔森：《法与国家的一般理论》，沈宗灵 译，中国大百科全书出版社1996年版，第340-342、345-348页。

自我表达的行为。

所以，如果要在最后对单一制例外作一总结定义，那么可以这样表述：

单一制例外，是指单一制国家中在纵向权力配置的根本法规范体系中，根据该次国家单位社会共同体内在异质性，在统一权力结构基本规定适用过程中享有一定范围内例外地位的次国家单位或特权单位。它们接受单一制国家统一主权管辖，所以它们的独立权力地位一般仍然需要通过国家统一权力配置的规范体系获得表达；然而作为其政治共同体基础的社会共同体在政治、经济或社会文化等方面已经对其自身存在的异质性发生了自觉的认识，由此，它们的例外地位不能根据单一制国家中央政权对纵向权力配置的单方主导而发生改变。

在这种认识的基础上，"单一制例外"应当存在以下基本特征：

第一，地位的法定性。单一制例外作为单一制国家实践中出现的特殊现象，并不是一种"违宪现象"，而是单一制国家宪法纵向权力配置规范体系中出现的例外。它们根据宪法或宪法性法律明确授权或认可获得这种例外地位，并根据规范授权的范围和组织形式享有这种例外待遇。

在结构的意义上，这一点使单一制例外在形式上仍然为单一制国家统一的权力体系所整合，因此，这一点也构成了单一制例外和联邦制成员单位的区别——按照对联邦制国家产生过程的普遍认识，它是建立在两个或两个以上成员单位根据权力契约，即宪法的基础上的。也就是说，成员单位的法定地位是在宪法制定过程中就预先存在的，这是联邦制国家中央政权得以产生的主体条件和前提，然而在单一制国家中，要保证国家作为统一法律规范秩序体在形式上的统一和完整，就意味着在形式上要将单一制例外整合到这个统一体系当中，所以单一制例外的独特地位还是要在统一的宪法和法律体系中得到表达。

第二，内在的异质性。单一制例外之所以成为国家宪法结构层次的一个研究对象，而不能简单地用宪法实施作为其分析语境，是因为它这种特殊地位的获取并不是统一主权单位单方进行纵向权力配置的结果，而是纵向权力配置规范体系的制定规则所决定的，即规定宪法的先决性基础规范所决定的。

这种基础规范对单一制例外的承认，源于单一制例外在进入统一国家组织前的先国家状态下存在高度的异质性，成为它们被接纳入单一制国家宪法结构的过程中，不能只凭统一主权单位单方意志而和其他次国家单位"整齐划一"。

正是基于这种内在的异质性，单一制例外在被整合到单一制国家组织内之后，在其政治权力的组织形态中，往往保留了很强的自治色彩，即要求"创造地方规范的机关在这里是由这些规范对其有效力的那些人所选出的"。① 实行一种对内部社会共同体直接负责的权力组织、运行原则。

第三，组织权力的特殊性。由于单一制例外在纵向权力结构中作为独立权力主体的地位并不是中央政权可以单方改变的，也就是说，它的权力并不完全根据单一制国家中央政权的授权或认可产生，其组织形态也并不是中央政权单方"构建"的结果。这就是说，在统一政权体系中，除了在形式上将单一制例外作为一个整体整合到国家统一权力体系中之外，单一制国家对例外单位的具体存在方式和存在需求并不直接深入地干预，而根据其异质性保留其政治权力组织的自主，包括承认其相应范围的自治权力和相关的自主能力。

不过，组织权力的特殊性反过来会影响单一制权力结构体系的整齐划一，它和内在的异质性共同构成单一制例外和单一制国家中其他根据中央政权分权而产生的自治单位相区分的标准。

---

① ［奥］凯尔森：《法与国家的一般理论》，沈宗灵 译，中国大百科全书出版社 1996 年版，第 346-347 页。

第二章　单一制理论重述

在解决现实制度整合单一制例外的问题之前，还需要解决的问题是如何在理论框架内，为单一制例外找到有效表达其存在的范式。

一、重新认识次国家单位

单一制例外，以及其他具有相对独立主体地位的次国家单位，在单一制国家纵向权力结构体制中的地位，应当结合这两个条件来理解：

第一，作为回应社会需求的权力组织，次国家单位在形式上根据中央授权分解国家的职能，其权力的实质功能和基础指向特定社会的需求，即它内部的社会共同体对权力组织存在的需求，这应当是国家进行次国家单位权力地位安排的根本依据和实质标准。具体而言，次国家单位实施权力控制的对象，即特定社会共同体的需求是决定它权力组织功能的内在依据，特定的功能要通过特定的组织结构，即次国家单位的样式来实现。由于国家内不同社会共同体因为地理、经济、民族或历史等原因存在不同，它们对国家权力组织的需求也就存在多样性；和联邦制成员单位内社会共同体不同的是，这些社会共同体只有共同体自觉，① 但尚未发生政治自觉，或者因为各共同体之间在历

---

① 形成共同体和政治共同体的两个阶段可以参考韦伯所提出的"共同体化"来界分和理解：韦伯提出："'共同体化'……只有当社会行为的调节……建立在主观感觉到参加者们（情绪上或传统上）的共同属性上。"（转下页注释）

史上发生了高度的整合，所以最终它们没有以独立的权力主体地位在国家权力形式结构的塑造中表达诉愿。在前一种情况下，社会共同体的独特需求始终客观存在，但在统一单一制国家的过程中，又未曾在纵向权力结构形成之初得到充分有效的表达，于是便会在次国家单位权力实践的过程中逐渐表现为多样化的需求。在后一种情况下，由于高度整合，则会使社会共同体本身独立的地位逐渐消融在更大范围的共同体中，在极端的意义上，次国家单位已经丧失了其社会基础——但这种极端的情况只能是理论假设。因此，以普遍的理论意义来讲，特定社会共同体的独特需求决定着特定次国家单位样式的独特性，这种独特性在同一国家纵向权力结构中就显示为次国家单位之间的差异性；而社会共同体在单一制国家形成与发展历史过程中不断发展的政治自觉则推动着次国家单位权力组织形式的发展变化，二者结合起来就表现为当代单一制国家中次国家单位的多样化。

第二，权力只是社会成员满足权利需求的工具，始终要完成它对目的价值的回归。在当代普遍确立的宪政主义国家理念中，这种目的价值就是对作为社会成员的个人权利的促进和实现。所以，从社会契约，权利让渡产生权力之后，不同的权力配置形式根本上只是权利实现的不同手段，其配置的形成和发展始终指向权利。

（接上页注释）［德］马克斯·韦伯.《经济与社会》（上卷）林荣远 译，商务印书馆 1997 年版；比较典型的例子是古罗马的行省，在行省各地公民对罗马帝国压榨式统治产生极度反感的时候，他们所期待的是日耳曼人对罗马帝国的入侵，即将外来的蛮族当作"救星"，而不是自主地组织独立权力组织。［德］恩格斯：《家庭、私有制和国家的起源》，人民出版社 1999 年版，第 153-154 页。在特定群体之间，由于特定情感或传统文化身份，甚至在此时同种境遇的原因，行省公民之间，以及行省公民对日耳曼人产生了认同，愿意成为同一个组织化秩序下的成员，通过服从同一个权力组织规范来实现自己的权利需求；但只有当这种认同转化为现实的、统一行动力量，并且形成对社会共同体需求进行统一表达和主动回应的权力组织，使共同体成员的权利需求整合为组织意志，使一种被动的期望转化为主动的诉愿，此时才能认为实现了共同体自觉到政治共同体自觉的转化。

这样来说,可以将权力配置看做这样一个动态过程,国家作为一个整体产生之后,被设定掌握所有的权力,在实现国家目的的过程中,这些权力被作为资源,国家将它不断进行分解,即:"从国家权力产生并具有了成熟的存在形式以后,它就处在渐进但又永不停顿的分解和再分解的过程中,直至它被分解完毕。在这个过程中,国家权力既分解为不同的存在形式,由不同主体掌握和运用,又逐渐转化为社会成员的权利,由权力形态向权利形态回归,经过充分分解的国家权力最终将全部转化为社会成员的权利。"① 这种由权力转化为权利的实现过程,反过来看,正回应了社会在让渡权利创生国家权力,并通过宪法和法律所规定的渠道,将权利诉愿作用于型塑权力体制的过程。换句话说,次国家单位在纵向权力结构中,是权利和权力之间建立宪法与法律关系的中介性单位:它通过权力配置获得的存在形式,既是统一国家对社会权利的认知和回应方式,也是社会权利诉求对统一国家权力纵向分解样态进行型塑的作用结果。当特定范围内的社会权利诉求具有较高的自主性和特殊性时,就会造成国家在一开始构建的时候,将该次国家单位的形态"划定"出来,成为统一政治体直接支配以外的领域,由此产生中央政权向次国家单位"妥协"而允许其在制度地位上享有例外待遇的结果。

二、建制化:互动权力关系

抽象地来说次国家单位和中央之间,单一制例外与中央之间,分别承担了社会个体通过构建权力组织追求权利实现的功能,主要是要说明次国家单位并不是被动的执行者,它自己是独立的功能单位,具有主体性;单一制例外为代表次国家单位还具有独立于统一国家的主体意识和行动能力。然而,仍然没有完全解决制度层面单一制和次国家单位之间的权力关系到底如何建立起来这个问题。

过去这个问题是通过单一制国家中央政权单向配置权力来解决

---

① 童之伟:《法权与宪政》,山东人民出版社 2001 年版,第 307 页

的，但是我们已经看到，这并不能揭示权力关系的构建原理，甚至不能完全涵盖单一制国家中央和次国家单位权力关系的所有可能类型——单一制例外就是一个实例。

所以在重述单一制的时候，我们还需要找到能够更适合的叙述工具。

应当说权力本身是一个比较适当的叙述工具，只是现在的问题是：怎么将它运用于纵向配置结构中不同权力关系的描述。过去的描述方式过于抽象，而且是单方向的，所以我们这里尝试做两点改进：第一，将权力析分；第二，采用互动结构。

（一）权力的强度析分

用强度这个维度来析分权力，得益于福山在构建国家这个问题中所提出的"国家强度"问题。他在分析国家和社会的关系时，指出当我们采用这个概念的时候，"'强度'一词被不加区分地同样用于此处的'范围'或者'强度或能力'。……对于许多国家来说，在缩减国家职能范围的进程中，它们一方面削弱国家力量的强度，另一方面又产生出对另一类国家力量的需要……"①

政治上的"国家强度"不但是一个被滥用的概念，更是一个难以被规范分析的指标——虽然制度经济学进行了其量化的尝试，但始终无法回避国家强度当中所包含的"社会需要"这样一个无法量化的要素——即使是制度经济学用作量化分析的基本概念"价格"，在一定意义上，也是有其道德含量的，"任何一种市场价格体系体现着人们对某一伦理关系的起码认同……社会不存在不具有基本伦理判断的市场价值"② ——作为衔接国家强度在制度供给环节和国家能力在

---

① ［美］弗朗西斯·福山：《国家构建：21 世纪的国家治理与世界秩序》，黄胜强、许铭原 译，中国社会科学出版社 2007 年版，第 7、16-17 页。

② ［美］A. 爱伦·斯密德：《财产、权力和公共选择——对法和经济学的进一步思考》，黄祖辉、蒋文华、郭红东、宝贡敏 译，黄祖辉 校，上海三联书店、上海人民出版社 2006 年版，第 39 页。

社会需要环节之间的概念，价格具有不确定性，也就意味着国家强度在测定上不可确定。所以，必须要找到一个概念工具来替代国家强度。

确切地讲，无论是政治学，还是制度经济学上对国家统治效能的评价，它们以市场为背景，讨论国家制度设计在资源配置上的效能，其中真正有意义的概念并不是抽象的国家，而是贯穿制度和制度实现的权力。

虽然不同社会不见得会对同一种制度设计及其所意欲实现的国家产生同样的"估价"或回应行为，但是任何社会都会服从具有权威的支配性力量，因此相对于国家、制度设计、制度需求或社会回应等实际无法在经济上定量的概念，权力是一个相对具有道德中立性并且确定的概念①——它是国家实现制度供给的核心资源，也是主导制度发挥资源配置的支配性力量。

所以，实际上，国家的强弱取决于权力的强弱，国家强度问题最终现实地转化为国家权力强度问题。

---

① 虽然韦伯说"'权力'的概念在社会学上是无定形的。一个人的各种各样可以设想素质和形形色色可以设想的情况，都可能使某个人有可以在特定的情况下，贯彻自己的意志。因此，社会学上'统治'的概念必须精确一些，可能仅仅意味着一项命令得到服从的机会"。但他所说的"统治"实际上和法律上"权力"更接近。虽然宪法和法律上规定权力往往意味着国家机关有为某种行为的可能，但是权力和权利所代表的可能性、自由不同，权力转化为职权分配给国家机关组织，职权和职责是一体的，因此也意味着国家机关在该项领域应当为之负责，由此权力内在地包含了为保障国家义务实现而配备的强制力，由此宪法和法律上的权力实际上应当是一种支配性的力量，而不仅仅是"可能性"。但支配也可能基于不同的动机产生，包括权威和具有形式上选择自由的契约。对国家权力的服从在一般意义上是没有选择自由的，所以国家权力应当属于基于权威而产生的支配性力量——应当承认的是，即使是专制时代，仍然包含着对权力正当性的追问，这个问题正由权威所解决，这也是权力和纪律的区别，后者是不假思索的服从。参见〔德〕马克斯·韦伯：《经济与社会》（上），林荣远 译，商务印书馆1997年版，第81页；《韦伯作品集（Ⅲ）·支配社会学》，康乐、简惠美 译，广西师范大学出版社2004年版，第297-300页。

与制度经济学只能在单一视角下实现量化的权力不同，权力作为宪法学的核心范畴之一，它将国家的存在形式和运作过程规范地表达为一定范围内国家的行动能力和行动方式，能够综合地反映国家在社会中的实现过程。

回到国家通过特定权力配置在各级社会共同体中实现这个更为具体的讨论语境中，权力是国家实现对特定社会单位进行组织、支配以及回应的基本要素；尤其在单一制国家中，权力始终在形式上由国家对社会进行统一投放，即所谓授权——社会契约所谓自由的保留和权利对权力之让渡在现实的政治国家层面是难以脱离国家权力的承认或授权存在的，即使可能是默认，则法无禁止即自由，但国家权力已经在被产生的界点上无处不在地成为权利被划定的外在标识——授权之后，权力究竟使各级社会共同体在运行中指向中央政权所代表的整合，还是会激发它们各自的独立自主意识、甚至形成和中央相互制衡的力量，固然和双方分权的事项有关——即权力的广度问题，但是根本还是取决于中央权力在授权中为各级社会共同体设置的运行空间以及运行轨迹有关，这些并不能单纯用起点上静态的权力分解原则来解决，毋宁说是中央所投放的权力强度所综合决定的。

这样，特定社会对"强国家"、"弱国家"的选择，转化为国家对特定社会共同体投放的权力强度，权力是贯穿于纵向权力配置结构及其运行的基本要素，对其强度的配置及调整正是国家权力纵向实现的动态过程。

不过，需要说明的是，在权力强度配置中的权力应当是包括抽象意义上的政治权力在内的，不限于法律权力。将权力限定为正式公共组织根据实在法享有的、和公民权利对称的权力，① 外延失之过窄"……法律不是一个封闭的空间，法学涉及的范围是远超过法律事务的。……市民社会和家庭在其真实的即独立的和完全的发展中是先于国家的，它们是真正的活动者和'原动力'，是国家的前提和国

---

① 参见童之伟：《法权与宪政》，山东人民出版社 2001 年版，第 510 页。

家存在的方式。"①

法律权力应当是政治权力通过法律进行利益配置之后形成的一种结果，和法律权利相对称，和能够涵括全部社会利益的自然权利的权力应该具有先于法律规范、且概念外延广于法律利益的特性。

政治权力配置的强度分别通过权力规范和权利规范表现出来，前者是国家权力本身在实现过程中所呈现出的状态。在结合权利规范的意义上，强度作为整体则反映出国家作为权力组织产生之后，在社会利益配置过程中权力所发挥的主导性作用。权力配置强度的结果本质上是政治国家通过权力和权利规范在社会利益配置和实现过程中所采取的一种方法。②

这里，权力强度的配置结果的整体表现形态既吻合于纵向权力配置的结构，即国家整体与部分、中央政权与地方政权之间形成的宪法关系，也包含了国家和社会之间通过权力得到统一的关系。前者在单一制国家中，通过中央对地方社会共同体配置特定权力强度，直接表达为地方政权，代表国家对社会共同体中国家构建的具体追求。后者，由于权力和权利在本源上一致地根植于利益③——所以庞德将权

---

① 秦前红：《评法权宪法论之法理基础》，载《法学研究》2002 年第 1 期，第 31 页。

② 这里将权利和权力当作一个统一体进行分析的思路得益于童之伟教授在《国家权力分解定律的假设与求证》所提出的"社会权利"概念，后来"社会权利"为"法权"所取代。参见童之伟：《国家权力分解定律的假设与求证》，载《法学》1995 年第 4 期，第 4-5 页；童之伟：《法权与宪政》，山东人民出版社 2001 年版，第 19-22 页。童之伟教授定义的"法权"，即"权利与权力组成的统一体"，是"某一社会或国家中法律承认和保护的全部利益，以及作为其物质承担者的全部归属已定之财产，其现实表现形式是社会生活中的各种权利和权力。"童之伟：《法权中心主义要点及其法学应用》，载《东方法学》2011 年第 1 期，第 4 页。此外，秦前红教授也提到，"从社会内容看，法权是一个社会或国家全部法定利益的理论反映"。秦前红：《评法权宪法论之法理基础》，载《法学研究》2002 年第 1 期，第 27 页。

③ 参见童之伟：《法权与宪政》，山东人民出版社 2001 年版，第 19 页。

利和权力并称为"广义的权利",① 在国家的视角则通过权力统一表达社会通过权利进行的利益选择和国家通过权力配置形态进行的回应和自我实现。

在这里,虽然权利是更常用的表达工具,但这种使用上的偏爱受到自然法学派出于人文主义关怀的理想和价值影响,会容易发生自然权利和法律权利使用上的困境:一方面,自然权利作为"人们设想应当为政府所承认并付诸实施的各种主张或要求"才能够发挥国家构建中"基础规范"的作用;② 另一方面,"被保护的利益和用来保护这一利益的法律制度"是存在差异的,被保护的利益是法律权利,它才是实际被承认的,但是它不能表述对它自己进行承认的力量——这就是权力,无论存在多大的专制主义风险,在实证的意义上,法律权利仍只是权力视域中得到承认和被保障的现实权利。如果用权利来表达,自然权利不能完全实证,而法律权利又不具有足够的理论容量——相较而言,权力则始终是纯粹的,它一开始就是工具性的,不存在概念上层次的混淆。

具体来讲,权力强度会在国家对权力对象施加控制的过程中分解为两个方面:权力管辖的事项范围,以及对权力对象控制的深入程

① 参见〔美〕罗斯科·庞德:《通过法律的社会控制:法律的任务》,商务印书馆 1984 年版,第 46 页。

② 关于基础规范和国家构建之间的关系,凯尔森在将国家视为一个规范体系的时候,提到"什么东西使许多规范成为一个体系?什么时候一个规范属于某个规范体系、某个秩序?这一个问题是和关于规范效力的理由问题密切联系着的"。对它的作用原理,凯尔森举了两个例子进行说明:当母亲告诫儿子,第一,"你不应杀人,因为上帝在十诫之一中禁止杀人"。第二,"你应当上学去,因为你父亲已吩咐过"。这两个命令发生效力只是一种事实,是规范效力的表面——恰如国家作为规范体系得以存在只是一种效力的结果,只能用来说明规范存在或效力存在;然而根本原因是分别隐含了两个前提:前者不应杀人是因为上帝的命令应当服从,后者则是子女应当服从父亲的命令。在这里,这些隐含的前提就是基础规范,它是构建国家这个法律规范体系的基础规定。参见〔奥〕凯尔森:《法与国家的一般理论》,沈宗灵 译,中国大百科全书出版社 1996 年版,第 124-125 页。

度。这种控制方式，转化为单一制国家和次国家单位之间的关系，集中表现为次国家单位政权的自治权限和自治能力；只有自治权和自治能力相互匹配，才意味着次国家单位的政权组织享有真实的独立性，而这种独立性恰可以区分一般根据中央"放权"而形成的地方分权自治政权和单一制例外。

这样再来看单一制国家对国家权力进行分解并施诸不同社会共同体的整个过程，与其将单一制例外在国家统一权力体系中的存在看成是异质性单位对结构形式的破坏，毋宁将其作为权力实现过程进行整合：单一制例外既然也是统一国家主权之下的实现单位，那么，国家对单一制例外的权力强度配置方式只要在实际效果上，达到保证该异质性单位对统一主权的认同和服从，就达到了通过纵向权力配置结构的体系化所要达到的效果。

换句话说，国家通过宪法和法律统一规定次国家单位政权对中央政权的服从，根本上不过是设置了一种防止国家统一主权分裂的结构和机制。这样来看在什么意义上可以容忍单一制例外的自治权，或者在什么意义上单一制例外的自治能力能够使这个政权单位的独立性在统一国家主权范围内真实存在，都只是实现形式或实现方式的差异而已。关键是，国家会配置怎样的权力强度，来构建一个足以整合异质性单位的统一权力体系，使统一国家仍然能在单一制例外中得到实际实现。

所以，如果授予地方议会部分立法权，或允许实行宗教自治，并不是国家对这些领域放弃权力，只是国家在这些领域内的权力强度配置比较"弱"。不过，表面上同样是"弱"权力强度配置的结果，单一制例外仍然和联邦制成员单位存在根本的区别，举个例子来说：

"即使是实行高度自治的地方政权，它拥有的权力也不同于联邦成员单位，也不具有主权性质。中国的香港特别行政区和澳门特别行政区是实行'一国两制'、高度自治的地区，特别行政区政府是高度自治的地方政权，拥有包括司法、货币等数项高度自治权。但这两个特别行政区政府行使权力的依据来自《基本法》，而《基本法》是由中国的最高国家权力机关全国人民代表大会制定的。《基本法》的制定、修改与解释权都属于全国人大，而无需特别行政区政府的同意或认可。"①

也就是说，从单一制例外的角度来看，是自治权和自治权的独立行使能力；在中央的角度来看，则是对次国家单位控制的范围和控制的深度。单一制例外即使在特定领域存在独立自治的必要性，但是它在统一主权国家整个权力结构体系内作为一个组成部分的时候，这种独立自治始终有一部分由国家控制，这既是它成为统一主权下一部分时出让主权性权力的结果，也是主权国家防止分裂的自我保卫机制——在联邦制成员单位，这种防止分裂的机制则不是由中央单方主导的，仍然是双方基于各自主权性权力相互合力达成的。

从这种实质性的角度再来看国家通过纵向权力配置得到社会实现这个过程，本质上可以借鉴童之伟教授提出的"权力分解定律"来进行理解。

基于对国家权力的动态分析，童教授提出的"权力分解定律"是这样表述的：

首先，在原始状态下，将社会成员的权利和国家权力看做是合一的"权"，在国家产生之后，两者开始作为对立物出现、发展。其中，国家权力作为社会权利的衍生物最终是向社会权利回归的趋势不断发展的。

其次，在国家权力独立的发展和向权利回归的动态过程中，"从国家权力产生并具有了成熟的存在形式以后，它就处在渐进但又永不停顿的分解和再分解的过程中，直至它被分解完毕。在这个过程中，国家权力既分解为不同的存在形式，由不同主体掌握和运用，又逐渐转化为社会成员的权利，由权力形态向权利形态回归，经过充分分解的国家权力最终将全部转化为社会成员的权利"。②

最后，在这个动态过程中，对于分析国家通过分解配置获得社会

①　周叶中：《宪政中国研究》（下），武汉大学出版社 2006 年版，第 355 页。

②　童之伟：《法权与宪政》，山东人民出版社 2001 年版，第 307 页。

实现的阶段，有两条值得额外关注的规律："国家权力行使的功能性和结构性分离"，以及"社会成员权利与国家权力以及国家权力的各部分各层级界限明晰化，行使过程规范化"。①

得益于这样一种分析视角的启发，再来看单一制国家纵向权力结构的形成和运行，实际上是单一制国家中央政权根据统一主权性权力，享有权力配置结构形成过程中的规则制定权以及结构形成后权力在社会实现过程中的动态监督权，由此实现统一国家在不同层级的社会共同体中的统治和治理。当然，这并不意味着中央政权能够成为一个专断的权力，正如社会权利这个基本根源和最终依归的地位所体现出的，它们在国家通过权力独立为一个社会存在的时候，通过基本规定，也就是凯尔森所说的"基础规范"为国家权力的存在方式和运行准则设置了边界和价值评判标准，所以在这个意义上，国家作为一个统一法律规范秩序体，和它通过分配权力资源而获得社会实现的过程，最终仍是统一的。也就是说，单一制国家正是在这样的前提下，构建了社会共同体所需要的国家：中央政权从一开始构建国家时，它所要遵循的基本规定就包含了对异质性社会共同体的认识，以及它在各社会共同体中被需要的程度和方式。在这种基础上，单一制国家中央政权行使构建国家纵向权力结构的职能，并在这个过程中，根据基本规定反映出的社会对国家产生的需求，尤其是异质性单位根据自我的共同体意识反映出的对国家的独特需求，将权力进行功能性和结构性的分解，最终达成国家对各个社会共同体需求的满足。

这个过程由中央政权统一主导推进，保证了国家的形式统一和最终实现，也包容了对不同社会共同体需求的差异化认识以及相应的差异化强度配置，这种差异化配置一旦是在基本规定中形成的，就形成了单一制例外。但是，由于单一制例外由异质性单位成为组织化的政治共同体还是依赖于单一制国家统一的权力配置过程；并且统一国家通过权力强度的配置在一定程度上使单一制例外的独立自治能力保证

---

① 参见童之伟：《法权与宪政》，山东人民出版社 2001 年版，第 310-314 页。

在有限的范围内，即仍然要基于统一权力体系中它和其他组成部分，尤其是中央政权部分之间的互动才能完成自治功能，从而保证单一制例外仍然在实质的权力实现过程中服从于单一制国家中央政权的统一领导，最终满足单一制国家权力体系实质上的统一性。

所以，在这种分析视角下，单一制国家对单一制例外的整合和单一制国家在社会中的权力实现过程，就转化为对这样两个具体问题的解答：第一，如何判断基本规定。也就是说，统一国家在单一制例外中应当配置的权力强度应当怎么判断，既包括了单一制例外的异质性单位在多大程度上需要统一国家，也包括了统一国家起码配置怎样的权力强度才能保证国家的统一而防止单一制例外演变成一个分裂的力量。第二，判断的过程规范性。在问题一开始被提出时，之所以会去反思单一制，就是因为纯粹的形式整合，依靠非规范性的政治探索去整合单一制例外会造成基本秩序价值的丧失，这个问题始终存在，所要找到的不光是一种能够从实质层面整合单一制的理论视角，还要在这种视角下弥补单一制的理论缺憾——非规范化的整合路径，也就是说，社会共同体如何在规范有序的秩序内表达自己对国家的需求，是限制中央政权专断的必然要求，也是国家权力向社会权利回归的必然要求。这其中，具备特殊需求的单一制例外和中央政权之间的规范对话机制和互动机制尤其关键，在这个异质性的社会共同体中，国家无法适用统一的判断标准，其差异性需求和变动性更大，能够最终实现在单一制例外中国家权力强度配置过程的规范性，是整个单一制国家纵向权力配置过程规范化要解决的关键问题。

（二）权力强度概述

权力强度实际不是完全创新的概念，而只是一个快被"遗忘"的分析工具。这个概念来自于德·儒旺纳尔对权力三个特性的分析："权力或权威有三个特性：广延性是指遵从掌权者命令的 B（权力对象）数量很多；综合性是指 A（掌权者）能够调动 B 所采取的各种行动种类很多；最后，强度是指 A 的命令能够推行很远而不影响遵从。"①

在儒旺纳尔的表述中，他表面上混用了权力和权威的概念，事实上他所描述的是权力在实施的过程中，进入"社会互动"阶段在掌权者和权力对象之间形成的一种权力关系，权力是这种关系形成的基础要素，而权威则是通过这种权力关系而使掌权者根据地位而体现出的影响力——恰如韦伯所说的支配、权力和权威三者的关系，权力是核心的要素，围绕着它的分配在主体间形成了支配的关系，由此会形成不同的支配结构，而权威则是支配关系中掌权者地位所表达的这种支配结构或权力关系得以形成的一种原因，属于合理性和正当性的范畴。②

将权力关系主体双方抽象为统一国家组织和特定社会共同体之后，其广延性所指即国家组织覆盖范围，可能是以地理范围或民族范围表现出来，指国家可能对哪些对象适用权力，并不涉及权力的配置方式；与其说它是国家具体配置权力过程中所实现的效力范围，毋宁说是主权的效力范围，是权力配置体系形成的前提。只有第二项和第三项，即综合性和强度是权力借助于不同配置方式得到实现的具体效

---

① ［美］丹尼斯·朗：《权力论》，陆震纶、郑明哲 译，中国社会科学出版社 2001 年版，第 15 页。

② 韦伯强调的是"支配乃是权力的一个特殊个案"，即支配并不一定是由权力所产生，但是反过来权力的结果则会发生支配关系，即权力这种"将个人之意志加诸他人之行动的可能性"再转化为现实的权力关系之后就会得出支配；在他进一步区分支配的原因时，除了日常社会生活中会产生的事实支配关系，两种对立的支配则权威的支配和基于利害关系的支配，权威很明确是一种原因，是权力的基础，也就是为什么要权力能够得到服从的正当性问题。参见 ［德］马克斯·韦伯：《韦伯作品集（III）：支配社会学》，康乐、简惠美 译，广西师范大学出版社 2004 年版，第 3-8 页。不过虽然韦伯认为"权威即等同于命令权力"，但起码在本文使用权力的语境下，权力作为一种客观存在的强制力或资源和权威这一解释主观状态的范畴应当要区分的。这里对权威的认识，采用的是这样一种定义，权威是"成功的命令或嘱咐"，即根据一定的权威基础，权力能够得到服从和实现。参见 ［美］丹尼斯·朗：《权力论》，陆震纶、郑明哲 译，中国社会科学出版社 2001 年版，第 42 页。

果："权力的综合性（comprehensiveness）即掌控者控制权力对象活动领域的数量……为了对权力关系作更一般的分析，人们可以设想权力领域是供权力对象选择和活动的不同区域。因此，权力关系的综合性是指掌权者掌握权力领域的数量，或权力对象全部行为和生命活动受到控制的比例和范围。"它通常被理解为权力的事项范围，而"权力关系的第三个一般属性是关系的强度（intensity）。……德·儒旺纳尔……是考虑到了掌权者在使用权力控制权力对象行为的一切领域内可供掌权者有效选择的程度"。①

　　不过，在权力关系的意义上使用综合性或强度并不如直接在权力的意义上使用：一方面，权力关系并不能直接根据国家权力配置体制的规定得到实现，它还包含了社会实现对规定作用结果，所以权力关系的强度是和实际效果有关的，社会作用的不特定性意味着实际效果的不特定性，这样的综合性和强度就无法获得统一的规范性认识，实际上大大降低了它们理论分析工具的价值。另一方面，权力关系作为结果性的描述，将这样几个问题和国家想要通过权力配置而达到的效果混为一谈——"那么掌权者对权力对象行为的影响有何极限，权力对象会不会受掌权者影响而自杀或被害，掌权者追求哪种预期效果会受到抵制——至少在初期产生权力关系的中断？"② 国家通过特定配置方式将权力施加于社会，只能代表国家所意欲达到的效果；而这种追求通过社会互动最终转化为权力关系，其实现的整个动态过程中，国家并不是唯一的主导因素，社会共同体作为权力对象，也会对实现结果施加影响——将国家配置规定和社会实现的结果等同起来，会把整个权力实现过程简单地解释为国家单方意志的结果——这正是构建理性所存在的重大弊病，它抹杀了国家单方意志到社会实现这个过程中作用因素的多样性，夸大了国家意志的作用。

―――――――

　　① ［美］丹尼斯·朗：《权力论》，陆震纶、郑明哲 译，中国社会科学出版社 2001 年版，第 15-16 页。

　　② ［美］丹尼斯·朗：《权力论》，陆震纶、郑明哲 译，中国社会科学出版社 2001 年版，第 16 页。

相对而言,从权力的角度,采用"强度"来指称国家在具体配置过程中所采用的配置方式,即权力在被施加于特定权力对象时的存在方式,仅仅考虑国家在规定层面对强度的设定,而实现过程则构成国家设置强度时会进行考虑的因素或遵循的规律。在这种条件下,权力强度才是国家可以单方调控的。

要理解权力强度,首先需要明确在这里使用的"权力"。

在分析国家权力纵向配置的语境下,权力是这样一种资源或力量:"权力是某些人对他人产生预期效果的能力。……在一切社会交往中,人们对彼此的行为相互施加影响和控制——事实上,这就是我们所说的'社会互动'。"①

和其他施加影响和控制的能力不同的是,权力"是有意和有效的影响":② 一方面,它这种能力在被释放,即权力在被国家施加于社会的过程中始终处于被权力主体控制的状态之下,这种控制,使主体意志转化为权力的有意性;另一方面,权力是一种稀缺性的资源,它存在的前提"是各种资源性支配结构的存在",由此会使权力主体拥有资源优势。③

在有意性的控制下,权力在实施中得以表现为不同强度,在稀缺资源带来的优势基础上,权力强度的变换能够产生不同的社会互动,这是权力强度成为一个有现实意义的指标的根本原因。这样一来,就产生了这样的状况:统一国家以及所有组织化的主体将权力这种强制性的能力或力量有意识地根据不同的标准施加于不同社会共同体,就是它们在社会中得以实现的方式,即权力的纵向配置体系。

在纵向配置的过程中,就像日常用语中会区分"拥有权力"和"行使权力"一样,权力作为一种资源、力量,意味着国家所拥有的

---

① [美]丹尼斯·朗:《权力论》,陆震纶、郑明哲 译,中国社会科学出版社 2001 年版,第 3 页。

② 参见[美]丹尼斯·朗:《权力论》,陆震纶、郑明哲 译,中国社会科学出版社 2001 年版,第 3-4 页。

③ 参见江国华:《权力秩序论》,载《时代法学》2007 年第 5 卷第 2 期,第 26 页。

全部权力并没有被完全释放——可能是某些权力没有被释放，可能是某项权力的部分力量没有被全部释放。国家通过权力追求社会实现，在大多数情况下会通过权力的设定而根据"社会互动"效应得到实现。基于"社会互动"设置权力可能会发生这样的误会："为了使 A 控制 B 的权力在尚未实际行使时成为真实，B 必须确信 A 控制他的能力，必须相应改变他的行为。……在基于预期反应的权力归属中，权力对象的自觉是一个决定性因素。"① 由此根据"预期反应"把权力看成是一种"概率"，但这样混淆了权力作为"可能性"独立存在和它的实际结果。正如韦伯所说的："权力意味着在一种社会关系里哪怕是遇到反对也能贯穿自己意志的任何机会，不管这种机会是建立在什么基础之上。"②

所以讨论国家在权力的投放或者权力强度的配置时，权力和它实际产生的结果不相干，甚至和它本身的正当性或合法性也不相干，它只根据自己的强制力这种"能力"满足国家组织作为主体的主观意图。只有在权力被施加于特定社会共同体的过程中，权力不再是孤立的作用因素，受到社会互动的制约；在完成它的使命时，特定社会共同体对权力的合法性认同规则、接受方式等和国家组织相互互动的规则就会产生对权力具体形态的选择，这和国家统一配置的权力没有关系，权力的不同具体形态就是权力强度。

此外，正如赫伯特·西蒙（Herbert Simon）在分析权力关系中综合性和强度时所指出的，它们二者综合反映出社会的"接受区"，③即掌权者或国家能够怎样配置权力才能实现取决于权力对象的承受能力，它在掌权者眼中转化为配置特定权力强度——在此，强度事实上

① 参见［美］丹尼斯·朗：《权力论》，陆震纶、郑明哲 译，中国社会科学出版社 2001 年版，第 8 页。

② ［德］马克斯·韦伯：《经济与社会》（上），林荣远 译，商务印书馆 1997 年版，第 81 页。

③ Herbert A. Simon. Notes on the Observation and Measurement of Power, in Roderick Bell, David V. Edwards, and R. Harrison Wagner, editors, Political Power: A Reader in Theory and Research. The Free Press, 1969: 76.

能够概括综合性，尤其是当它们不再在权力关系而在纯粹权力的语境下进行讨论的条件下时，综合性或范围并不能独立说明问题，国家对社会共同体的控制归根结底是对其控制强弱的问题，权力强度独立作为分析的工具就已经足够。

对此，丹尼斯·朗也承认："这些术语上的差别并不很重要……在一般原则的某一水平上，综合性和强度的区别没有多大的意义，因为这两个权力关系属性或特性都代表掌权者对权力对象的行为所产生效果的范围极限。"①

那么，借由强度，我们可以这样再来看中央与次国家单位在单一制权力结构中建立的互动关系：国家通过对不同层级的社会共同体施加权力强度，形成特定纵向权力配置方式和运行过程，这既是国家通过权力满足社会基本功能的方式，也包含着国家对社会互动的预测，即国家根据特定社会共同体可能作出的社会选择配置特定的权力强度。基于这种预测，国家职能和国家目的的实现状况，实际上还是取决于权力强度根据社会共同体的选择行为。这样形成的结果，才是在社会中获得实现的国家。而单一制例外，则可以看做是统一国家为了适应特定次国家单位在行动上的权力实施差异化配置要求的产物。从国家的角度确切来说，是国家纵向权力结构中权力强度的差异化配置结果。

从权力强度这个角度来看国家通过纵向权力配置获得社会实现的过程，是受到弗朗西斯·福山《国家构建：21世纪的国家治理与世界秩序》这部作品的直接启发。在"9·11"之后，这位曾经长期致力于通过"社区"这个基本范畴来研究社会自发组织秩序和国家之间关系的学者，反思了美国反恐战争后在伊斯兰地区推进的所谓民主构建过程。他的反思围绕着"华盛顿体系"这种欧美自由主义国家构建在伊斯兰地区建设的失效展开，提出国家失能问题。抛开他在理论立场上的西方中心主义，通过"强国家"和"弱国家"的统治效

---

① ［美］丹尼斯·朗：《权力论》，陆震纶、郑明哲 译，中国社会科学出版社2001年版，第18页。

能讨论，福山的视角将国家和社会关系的话题转化为一个较为具体的问题：

"完全可以这样说，20世纪政治的一个非常鲜明的特征就是对国家的规模应当有多大和国家力量应当有多强争论不休。"①

他用国家强度来总结国家和社会的关系。然而，正如福山自己所说："在我们对国家概念的诠释中，'强度'一词被不加区分地同样用于此处的'范围'或者'强度或能力'。……对于许多国家来说，在缩减国家职能范围的进程中，它们一方面削弱国家力量的强度，另一方面又产生出对另一类国家力量的需要……"②

三、基于多元性而整合

通过对社会共同体的再认识，以及对单一制例外的概念界定，我们认为：单一制国家中，社会共同体固有的独立需求，以及在发展中不断衍生的独立需求，是单一制国家次国家单位多样化发展的根本原因。这是保证统一国家也好，次国家单位作为下级政权组织也好，作为功能型组织，不断通过权力满足基于个体本位和自由主义理念的多元化权利诉求，从而实现向权利回归这个价值趋势的必然要求。那么，单一制国家本身就不是一个自上而下配置权力、用不同强度控制社会的理性构建产物，而是自下而上完成多元性整合，再在逻辑上自上而下将整合结构层次化、建制化的结果，它的构建过程更多是存在制度的重述层面，而非现实的建制层面。

如果这样来认识单一制，在包含和整合多元的基础上，其制度发展，就必须解决次国家单位，尤其是具有较强异质性和独立性的单一制例外的特殊发展诉求，将其整合到统一的法治轨道上。这实际上就

————————

① ［美］弗朗西斯·福山：《国家构建：21世纪的国家治理与世界秩序》，黄胜强、许铭原 译，中国社会科学出版社2007年版，第3页。

② ［美］弗朗西斯·福山：《国家构建：21世纪的国家治理与世界秩序》，黄胜强、许铭原 译，中国社会科学出版社2007年版，第7、16-17页。

是单一制例外作为一种较为极端的次国家单位现象揭示出的，现有单一制理论体系需要进一步充实和深化发展的领域：如何找到次国家单位在单一制统一权力结构中有序化发展的规律？解决了这个问题，从目前次国家单位多样化发展的客观情势来看，虽然还可以通过中央统一授权这条标准来解释和控制次国家单位政权不断发展的现实，但统一权力结构对次国家单位多样化发展容纳的极限、标准到底是什么，目前并不能在单一制权力配置的制度体系中找到明确的答案。

从国家纵向结构形式的基本原理来看，纵向权力配置结构是国家权力在统一社会共同体内获得实现的过程，具体而言是通过建立统一、稳定的权力秩序，来实现国家职能和国家目的。①

从这种基本原理出发，再回到次国家政权多样化发展的整合问题上。当代宪政国家建立和发展统一权力秩序的根本是规范化的法治体系，也就是说，次国家单位的多样化整合关键是要实现对多样化发展现象的法治规范化整合，确立国家权力结构变迁的基本标准，并为多样化的发展需求提供规范化的诉求表达途径。

在这样的规范化整合基础上，国家权力秩序才能够获得稳定和有序的发展，首先对于统一的国家权力体制来说是必要的——在目前的情况下，为了保证次国家单位政权的多样化发展不至于陷入"违宪"的尴尬境地，国家会根据多样化发展的现实情境进行法律修订甚至是宪法修改，这种做法固然保证了规范和现实的一致，但从根本上有损于法治规范体系的稳定性，也无异于变相鼓励多样化发展对法治规范

---

① 从国家基本的产生意义上来讲，它是社会追求秩序化生活的组织，除了作为国家得以存在的基本功能之外，建立一种稳定的秩序也是国家组织在实现自我目的的过程中所必须的条件。在这个过程中，国家实现秩序建立和维持的根本力量是权力。归根结底，国家统一权力秩序的建立和稳定发展，是统一主权国家在社会中获得实现的必然要求和基本路径。而这种权力秩序，在静态上正是"权力结构的平衡"，在动态上则意味着要求权力结构各部分为了维持系统功能而相互之间保持一种协调性，其中，纵向权力配置的结构形成和有序运行正是统一国家通过权力秩序实现其职能及目的的形式之一。参见江国华：《权力秩序论》，载《时代法学》2007年第5卷第2期，第24-26页。

的漠视，对国家统一权力秩序最终只会造成根本伤害。其次，对于次国家单位的发展而言，规范化不意味着将它们再次僵化固定在静态的权力结构内；次国家单位多样化发展的真正兴起还是受到民主自治理念兴起的推动，单一制国家在借鉴联邦制的部分理论而推行的地方自治改革中，除了坚持纵向权力配置过程中自上而下原则之外，在次国家单位政权的具体组织过程中，则普遍贯彻了地方自我管理这个基本原则。然而，只根据单一制国家进行权力结构的调整并不能给次国家单位多样化发展真正地提供独立、自主的发展能力：首先，从权力的划分来看，国家权力按照其职能一般分为政治统治权力和公共事务的管理权力，前者是基础，决定了国家的阶级归属，以及国家在宪法学上结构形式划分的基本依据；后者则是权力的基本功能，不带有阶级属性。单一制国家中只有中央政权才享有全体人民的直接授权，也就是只有中央政权才是政治性权力，故而次国家单位政权只有治理权力，它只适用于社会公共事务的管理，在这一点上，由于公共事务的划分有赖于国家的统筹规划，也就是说目前次国家单位政权多样化发展需求是否能够获得承认和独立实现，就取决于国家对相关事务的性质认定。其次，次国家单位政权多样化发展最终得到合法化取决于中央政权的决策。最后，次国家单位政权对地方事务进行自主管理的立法权虽然表面上来自于地方社会共同体的民主授权，但单一制国家中由于只存在唯一的主权性权力，这就是说次国家单位政权的来源本质上应当属于全国作为一个整体的社会共同体对中央授权之后再向地方进行分解，这样一来，次国家单位政权所具备的独立授权基础就并非真实存在——准确的说，在政治权力意义上的授权并不存在，这样也就无法产生与中央政治权力构成统一权力位阶的次国家政权，"即使是实行高度自治的地方政权，它拥有的权力也不同于联邦成员单位，也不具有主权性质。中国的香港特别行政区和澳门特别行政区是实行'一国两制'、高度自治的地区，特别行政区政府是高度自治的地方政权，拥有包括司法、货币等数项高度自治权。但这两个特别行政区政府行使权力的依据来自《基本法》，而《基本法》是由中国的最高国家权力机关全国人民代表大会制定的。《基本法》的制定、修改与解释权都属于全国人大，而无需特别行政区政府的同意或认可"。①

也就是说，次国家单位政权的多样化发展是否能够在统一权力秩序中得到真实的实现，如果没有规范化整合的法治保障，就会始终处于对统一中央政权的依赖状态，这对于存在客观多样化发展需求的次国家单位政权而言，同样是不利的。

要改变中央政权在次国家单位多样化发展过程中的被动地位，还要促进次国家单位政权的多样化发展需求能够真正在统一权力体系中获得合法化的实现，就要对次国家单位多样化发展进行规范体系的整合，具体而言，就是要解决两个问题：第一，推进单一制国家纵向权力配置的规范化，实现对社会需求变化的动态整合；第二，保证中央统一推进纵向权力配置过程和多样化需求之间的贯通。

虽然是两个问题，但它们最终都统一指向社会共同体和统一单一制国家两者的关系处理问题，在纵向权力配置过程中，这两者共同根据次国家单位发生联结，它是国家通过统一权力体制整合各社会共同体需求之后，再将国家权力根据统治和治理需要进行分解，配置给社会共同体，从而对其需求做出回应的结果和方式。在这个过程中，要实现社会共同体、单一制国家和次国家单位三者之间的平衡，需要在统一法治体系内建立起能够为它们提供规范交流和理性博弈的程序，这需要完成三方面条件的准备：

第一，明确规范次国家单位的宪法地位，这是它们在统一法治体系内能够进行诉愿表达的基本前提。

次国家单位获得独立的主体身份，才能对社会共同体需求进行直接整合，相对于中央权力统一进行不同社会共同体进行整合，次国家单位对社会共同体诉求的整合毋宁说是以将其转化为统一法治体系内能够得到表达的宪法诉愿。

第二，在纵向权力配置的决策程序中，建立起次国家单位作为独立权力主体参与的协商程序。

---

① 周叶中：《宪政中国研究》（下），武汉大学出版社 2006 年版，第 355 页。

单一制既然是对事实进行总结而提出的概念，正说明它和联邦制这种根据人为理性构建产生的国家结构形式不同，单一制的形成是历史经验的结果，换句话说，一个国家采取单一制这种纵向权力结构形式，是其文化、历史等国情因素内在综合作用的结果，所以，推进单一制国家纵向权力配置过程的规范化应当谨守保持单一制根本标准的底线，这就是保证中央作为唯一的主权单位，享有纵向权力配置程序最终的决策权。然而，无论采取何种结构形式的国家，在当代宪政理念普遍确立的条件下，要保证国家权力向社会共同体成员个人权利的回归是基本趋势，这就意味着要在决策程序中进行改革，加入次国家单位参与协商的程序，能够使中央统一权力配置决策更为科学，并且将其多样化发展需求整合到统一的决策体系中，有利于维持权力配置形成结果，即统一权力体制的稳定和权威。

第三，建立起社会共同体和次国家单位之间规范的沟通机制，并在统一法治体系内设置社会共同体诉愿救济机制，在次国家单位政权运行背离了社会共同体真实诉愿的条件下，能够推动次国家单位权力组织的制度化变迁。

任何没有监督的权力都有异化的危险，将社会共同体需求转化为能够为权力体制直接承认和实现的诉愿的权力，制约着社会共同体权利的真实实现。虽然次国家单位比中央政权能更直接地、更完整地表达特定社会共同体的独立需求，但是也比中央政权更具有利益直接相关性；相比控制全国性的中央权力，利益集团或政治派系更容易控制次国家单位的政权组织。所以，要保证次国家单位能够真正发挥贯通中央权力配置和共同体诉愿表达的功能，必须要对它设置监督制约机制，具体来讲，就是要打破次国家单位对社会共同体需求表达的唯一地位。

和国家一样，次国家单位政权组织也不过是社会共同体实现秩序化生活的组织产物之一。所以，要培育社会共同体在国家权力组织之外发展自治组织的能力，通过确立社会共同体内自治组织，或达到一定代表数量的成员人数作为独立主体对次国家单位政权组织能够突破次国家单位这一级代表，直接在统一法治体系内提出变更现有的次国家单位权力组织的规范化途径，是监督和保障次国家单位政权忠实于社会共同体诉愿、良好发挥它在国家纵向权力配置中结构功能的重要机制，否则，单一制国家权力配置的规范化最终还是将流于形式，时刻面临的是纵向结构中，利益集团和政治派系根据政权组织的不同层级实行权力分赃的危险。

第二部分

❧ 在历史的沉淀之上构建国家 ❧

从历史的经验来看，任何一种国家——即使是联邦制，都不能认为它的权力实现结构是完全由人为设计和构建的结果，构建理性充其量只是在总结历史事实的基础上作出了更有自觉性的判断。所以，由中央各次国家单位，纵向权力体系的配置形成和运行发展都有赖于国家权力和社会互动之间达成一定的相对均衡，在此基础上才会形成一国统一的权力秩序。

对单一制而言，这种构建过程中的自发性尤甚于联邦制——相对于已经有了政治自觉和自我组织能力的联邦成员单位，单一制国家要形成一种相对稳定的权力结构，容纳权力秩序的有序发展，就必须建立在中央政权对业已成型的社会共同体进行充分的认识，才能使它分解配置到社会共同体中的权力能够达到配置时所追求的制度效果，即国家统治和治理的目的。

在这个过程中，无论是单一制国家，还是联邦制国家，建立统一国家的目的并不是为了保存甚至强化其内部各次国家单位间的差异性，统一主权在基本的同一性追求上并不会因为社会共同体的异质性而动摇，单一制国家由于本源性权力的唯一性和授权的单向性，主权同一性需求只会更强。所以在异质性单位整合到统一的单一制国家之后，得以被作为权力强度差异化配置的结果在统一权力结构中确定下来，进而使其异质性和形态上的独立性保存下来，既不是单一制国家统一权力配置所追求的结果，在很多情况下，在中央政权的单方主导权力配置的过程中也不能一开始就获得承认。也就是说，用差异化的权力强度配置结构容纳一个异质性的单位，根本目的是要在权力实现的过程中达到消除异质性的实际效果，追求国家内部各社会共同体之间统一和融合只是换了一种方式。相对于国家对社会共同体业已形成之现状的判断，这是国家希望使社会共同体发展形成的方向：前者是基于社会内在需求而对国家产生的权力强度配置规定，后者则可以认为是根据国家对社会加诸的外在期许而形成的，国家采取特定权力强度配置模式的选择动因。

无论是对内在需求的判断，还是从外在期许中产生的选择动因，都使单一制国家在对单一制例外采取特定的纵向权力强度的配置模式时,始终要服从社会互动原理的动态视角。

单一制例外成为一个单一制国家的一部分,本身是历史选择的结果。所以,单一制例外到底以什么方式被整合到单一制国家中,也就是说单一制国家对单一制例外作出社会互动的预期,以及根据这种预期选择权力强度配置的特定模式,这整个动态过程本是历史选择的结果,是历史在自发的发展过程中,经过反复的试错,才使单一制例外成为单一制国家中统一权力体系中一个和中央政权和其他次国家单位政权建立起相对均衡、稳定权力关系的部分。也就是说,单一制国家通过修改理论框架或制度文本来容纳单一制例外的妥协,正是历史试错过程的直接体现。

当然,在历史中对国家结构形态作出选择,从国家的角度来看,实行权力强度配置的调整固然是对社会历史选择的回应,但国家也不是纯粹被动的组织,它有其独立意志,权力强度配置调整的过程背后,是对自身统一主权的维护,以及在统一主权的支配下对社会整合效益的追求。正是因为国家有这种自主的追求和调试过程,才使单一制例外的历史形成过程不至于成为无法捉摸的现象。通过国家权力强度配置这一个视角,单一制例外作为统一国家纵向权力结构中权力强度差异化配置的结果,它的形成及其历史动因可以分解为两个并行的历史过程进行观察:第一,单一制国家形成,即统一国家主权对异质性单位的整合,统一国家主权支配是纵向权力配置的起点和最终指向;第二,单一制例外的形成,即国家在异质性单位社会共同体中配置权力强度时,根据该单位的特殊需求和特定的宪法表达程序,对权力纵向配置格局进行差异化调整。

第三章 政治文化认同驱动下的历史整合

一、由多元政治实体走向统一国家

摩尔根曾指出："人类的经验所遵循的途径大体上是一致的；在类似的情况下，人类的基本需要是相同的……"①

如果从他所采取的社会发展历史的宏观视角出发，确可以认为，不仅仅是单一制国家，几乎任何有历史的统一国家，其自生自发的国家构建史与制度发展史都采用了相同或相似的路径：自第一个家庭形成，"私有制对原始的自然产生的公有制的胜利"② 也就普遍地确立起来。出于共同生存本能，特定社会共同体对生产资料的控制便使更广范围内的社会中充斥着共同体之间就生产资料占有而发生的冲突关系，这种冲突关系可能是现实的也可能只是潜在的，但在理论上它根据私有的逻辑而普遍存在。这种普遍存在的冲突作用于社会共同体，推动它们发展出不同的具体组织形态，由氏族、民族到国家。

可是在文明史中看国家的发生、演进，从部落到国家，以及国家之间产生国际公法所研究的国际社会，起码在理念上总有从"平等主义"社会到"阶级对立"社会的转变。③ 在单一制国家的形成中，同样脱离不了这样一个问题：平等部落到阶级化的统一国家组织，再由多个政治自觉的次国家单位整合到一个多元性的单一制国家里——

① ［美］路易斯·亨利·摩尔根：《古代社会》（上册），杨东莼、马雍、马巨 译，商务印书馆1981年版，第8页。

② 恩格斯：《家庭、私有制和国家的起源》，人民出版社1999年版，第65页。

③ 参见李学勤：《中国古代文明与国家形成研究》，云南人民出版社1997年版，第10页。

这是如何演进的呢？

无论是摩尔根提出各部落之间因为军事、公务等逐渐以氏族选举的方式组建"部落联盟"以及"部落政府"，最终建立政治社会，① 还是恩格斯提出的"社会陷入了不可解决的自我矛盾，分裂为不可调和对立面而又无力摆脱这些对立面……这种从社会中产生又自居于社会之上并且日益同社会相异化的力量就是国家"，② 都尚不足以完全解释平等到阶级之间转化时出现的一个问题：为什么选择服从？或者，将国家的产生、政治社会的产生看成是政治革命的话，它背后的驱动力是什么？又如何为人们所接受？

在摩尔根到恩格斯的分析基础上，现代西方人类学中，以美国的E. 塞维斯为代表的人类学家提出了两个新的概念来解释平等的氏族社会向阶级化的"文明社会"（即国家垄断政治权力之后的社会）过渡的过程和方式，这就是"酋邦"（"酋邦联盟"）和"早期国家"。酋邦是指，在平等的氏族社会和政治国家出现后的文明社会中间，还有一个不平等的氏族社会发展阶段，其组织即为"酋邦"；"早期国家"则被用来指称在某些地区出现了刚从原始社会发展而来的、带有原始氏族社会残余的原生状态的国家。

酋邦，应当还是属于前国家社会形态，而早期国家已经从属于国家范畴；"酋邦是一个个具体的'邦'，是由一些具有共同血缘关系，但彼此间并不平等的家支构成的氏族共同体，早期国家则是由多个不具有血缘关系的酋邦组合而成的比这规模大得多的社会组织，它们往往接受其中一个较大规模的酋邦的世袭统治"。③

这两个概念的提出，源于人类学和古代史研究模式由"社会形态模式"向"国家形态模式"的转换。它并不关注具体由谁掌握了

---

① 参见［美］路易斯·亨利·摩尔根：《古代社会》（上册），杨东莼、马雍、马巨 译，商务印书馆 1981 年版，第 115-117 页。

② 恩格斯：《家庭、私有制和国家的起源》，人民出版社 1999 年版，第176-177 页。

③ 参见沈长云：《先秦史研究的 10 个理论问题》，载《新华文摘》2011年第 19 期（总第 487 期），第 58-59 页。

权力，它关注的是权力怎么从社会集中到国家并由国家所独占的这个历史过程。相对于摩尔根所提出的根据平等自愿原则形成部落联盟，酋邦或酋邦联盟的形成方式是征服，它的组织原则是等级化和臣属关系的确立，在这个过程中，个人权威建立起来，权力逐渐集中为权威者独占的资源。① 由酋邦或酋邦联盟到早期国家，进入政治国家通过权力的制度化占有时代，可以说，这两个概念尝试联结多元的社会共同体向统一政治共同体整合的历史过程。

如果借用通过"酋邦"或"早期国家"还原政治国家产生的历史过程，可以比较清楚地解释多元政治共同体最终在统一国家中形成的等级式的权力结构中实现整合的过程——虽然这样解释，一定程度上存在将历史线性化的危险，但是从基本的走向来看，这种整合确实应当是一种必然的选择：由天然的血缘共同体实现最初的社会共同体化之后，平等或自由的氏族社会所实行的社会组织化生活是不能持久的。恰如哈贝马斯借助权利模型对国家发展过程进行理论还原时所指出的：如果从一个更世俗化的历史出发来探寻法律秩序的合法性，那么"借助于权利体系"，现代国家作为法律秩序体，隐含了将每个人看做是"一个现代法律共同体成员的前提"，这是它们构建的"出发点"。在此处，"权利的合法性"和"立法过程的合法化"、"统治秩序的合法性"和"政治统治之实施的合法化"都只是在形式上可能契合，实质上它们分属不同层次的范畴："那些在思想实验中重构起来的基本权利，对于每个自由和平等之法律同伴的联合体来说，都是具有构成性的；在这些权利中反映的是同时处于原初状态［in statu nascendi］的公民的横向社会联系。"但是现实是，"公民自主的法律建制化"是无法稳定、也并不完整的一种行为，契约论所拟制的"相互授予权利"只是理想模型下的环节，"是一种比喻性事件"；要

---

① 参见王和：《改革开放以来先秦史研究的理论模式转换》，载《新华文摘》2011 年第 19 期（总第 487 期），第 61-62 页。

是追求稳定,建立国家权力机构、发挥权力的构建功能,势必不可少。①

固然承认会有等级化的整合,现在仍然需要解决两个问题,才能克服线性化解读历史的问题:第一个问题是各个单一制国家到底如何实现了平等氏族联盟、酋邦再到统一的国家的过程;第二个问题则是,任何国家的整合范围都不是无限制的,在这个过程中,单一制国家统一政治权力结构确立的外延范围,也就是说哪些政治共同体是它能够整合的。

由于单一制国家基本是根据传统民族国家或集权式国家基础在现代化过程中直接形成的,它们的历史延续性反而提供了有形的轨迹。

从单一制国家形成的历史进程上看,无论是中国还是欧洲等其他地区的单一制国家,② 都经历了由多元政治实体走向统一民族国家的历史,也就是说,这些当代在权力结构体系中采取权力强度差异化配置的单一制国家,都在历史上经过了对包括异质性单位在内的多元政治共同体实行整合的阶段,由此才基本形成今天的单一制国家。它们的整合是这些单一制国家初步形成国家规模的基础。换句话说,国家在特定社会共同体中形成的基本权力强度配置是在这个时期的基础上形成的。如果坚持恩格斯给国家下的基本定义,国家作为社会的功能性组织,它在社会共同体中的权力强度配置就涉及国家学说的最基础命题:一个社会共同体为什么需要国家?

把这个命题更拉近单一制国家在多元政治实体整合的基础上形成

---

① 参见 [德] 哈贝马斯:《在事实与规范之间:关于法律和民主法治国的商谈理论》,童世骏 译,三联书店 2003 年版,第 164 页。

② 本文选取研究对象的标准主要是含有多元性因素,并且这种多元性在该单一制国家的根本权力结构体制层面得到了反映。因为这样的单一制国家才存在异质性单位整合的问题,才能够在单一制国家依据历史自发选择形成的过程中,集中看到各种政治力量对权力强度差异化配置形成的作用过程。在这种条件下,伊斯兰教国家,或者施行高度集权的拉美、非洲国家即使采用单一制,但是它们或是具备高度的同一性,或者是在人为作用下压抑了自发选择的力量,故此没有在本文中被作为分析对象。

的问题，就是说当社会共同体已经独立建立政治组织或已经具备这种能力的条件下，为什么要进行多元政治实体之间的整合？一个更大范围的政治共同体能够给它们提供什么？又或者，一个更大范围的政治共同体为什么要对它们进行整合？

从历史发展的过程来看，单一制国家的这种历史形成时期被国际政治关系史学者称为多国家的竞争阶段——即使在严格的意义上，并不是所有的这些社会单位都已经形成了自己的国家，但起码也确实属于多元政治实体竞争的阶段，它们之中，曾经出现过数个具有优势地位的实体，可能构成后国家统一的核心力量。从已知的历史中基本可以得出这个时期大致的状况：生存的本能和发展的利益需求驱动着这些政治实体相互征伐，最终可能会有两种走向，一类是古代中华帝国、古罗马帝国等庞大统一帝国的形成，它们征服了周边可以构成威胁的政治集团，用消灭竞争的方式消除生存威胁，之后用统一大帝国的方式解决生产资料统一配置的问题，从而实现生存的保障和生产扩大化之后发展的规模效应或协同效应；另一类则更多的被国际政治关系学所关注，集中反映在中世纪到近代以来的欧洲国际政治历史中的，在民族国家形成之后各国间长期争霸战争确立下来的一种制衡格局，即用均势牵制任何具有对他国构成威胁的国家或政治势力集团。①

不过不能将两种走向完全割裂开来：

首先，大一统帝国的形成并不意味着内部不包含多个政治势力集团。也就是说，帝国不等于政治共同体的消灭。而制衡格局也时时存在被打破的威胁，在多数时候是在动态当中寻求相对的均衡。

其次，这两种走向在同一个国家的历史发展进程中同时存在。可以说，前者划定了它对多元政治实体，包括异质性单位的整合范围，是统一国家权力所能覆盖的广度；而后者，在国际关系学的视野中，制衡格局是从外部划定了统一国家组织所能整合的边界。将后一种角

---

① 参见许田波：《大一统对抗制衡》，载《国际政治科学》2005 年第 1 期，第 80-83 页。

度借鉴到单一制国家内部来看，国家同一权力配置在适用于内部各个政治实体的时候，之所以部分政治实体最后会形成权力强度差异性配置的单一制例外，正是因为单一制例外对统一国家权力深入控制形成了一种制衡性的反制约，它划定了统一国家的政治权力控制在这一次国家单位所能达到的深度。

在这种历史过程中，单一制国家对各多元政治实体形成的权力配置格局集中反映了两个方面的作用，也由此回应着各社会共同体对统一国家的需求：一方面，统一国家在次国家单位内通过特定强度而实现的权力控制，既是统一国家通过整合特定社会共同体满足自我需求的方式，也是特定社会共同体在更大范围的政治共同体下满足自我需求的过程；两者的需求可能一致，也可能会发生冲突，在它们相互博弈的基础上，最终形成国家权力强度。可以说，对这个过程的还原，是探讨单一制国家在具体社会共同体内建立起实际统治和治理方式以及探讨该过程的最直观的方式。另一方面，正如和联邦制国家相对比时所指出的，正是因为单一制国家内，大部分的次国家单位未曾完成政治共同体自觉，单一制例外的政治自觉不但是"例外"，而且其自觉程度尚未达至联邦成员单位，故此才会仍然通过统一国家的权力配置实现其共同体的政治组织构建以及运行。也就是说，从研究的可行性角度而言，要真正还原单一制国家和社会共同体之间在权力配置过程中的互动过程，应该从单一制例外着手——更重要的是，除了能够解释次国家单位中的社会共同体对统一单一制国家的需求，即解释国家权力强度在什么意义上是必要存在的这个方面之外，也唯有具有内在异质性的单一制例外，作为一种独特的选择主体，它还能解释国家权力强度的局限，也就是国家权力强度在配置的时候，会因为社会共同体的反制约作用对配置方式产生什么特殊的需要，即差异化的原因，以及国家权力强度在配置的时候不应当深入的领域，即如何认识和表达单一制例外的差异化需求。

从最抽象的认识角度，所有的社会共同体乃至政治国家的需求，或者行为选择动因都可以用利益需求来概括，而最基本和最重要的需求就是生存的需求，包括对生存所需要的物质资料的需求和对生存安全的需求。

所以，无论是哪一个单一制国家，它们从原初状态下的社会共同体向政治共同体发展，以至于成为不断对外扩张的国家，直接的驱动力都可以认为是在一定社会生产方式基础上形成的对特定生产资料的需求，以及对这种生产方式及其分配方式基础上产生的生产关系的保存、发展需求。而在这种作用过程中，根据客观物质世界所形成的生产方式和分配关系，以及特定社会共同体据此发展起来的、对自身需求的独特认知以及需求方式，都会使不同的单一制国家在整合多元政治实体的历史过程中采取不同的具体方式，也就是说，权力强度配置的差异化分析还面临历史过程多样性的问题。

二、文化整合和政权构建

社会共同体对国家样式及其权力实现方式的"选择"始终在回答这样一个问题："我们需要多大、多强的国家。"在这个问题里，不同社会共同体的历史选择最终沉淀为文化认同，构建了"我们"这个主体，接下来则是"需要多大、多强"的实体内容选择问题。文化不单单是在认同的观念体系上构建了"我们"这个社会选择的主体，它更加决定了"我们"如何形成需要以及需要的内容。

从这种"被需要"的角度来理解国家的范围和强度，通过权力体系的构建国家就需要解决两个方面的问题：

第一，通过一定的权力保证国家的自我维持，也就是说，"必须拥有一个被授权代表整体而行动的中央权威。这一点所涉及的是（国家的）自我维持方面：国家确立其组织和自我组织的能力，以便在外和内两方面维持用法律来组织的共同生活的认同"。① 这种自我维持和自我组织的能力，应当是国家存在的"底线"，也就是对权力强度的基本需求，这种基本强度在各次国家单位的统一化配置是统一

---

① ［德］尤尔根·哈贝马斯：《在事实与规范之间：关于法律和民主法治国的商谈理论》，童世骏 译，三联书店 2003 年版，第 166 页。

国家政权建立的必需，是进行纵向权力体系构建的前提。

第二，在自我维持和自我组织的基础上，为国家满足社会需要配置相应的权力。这一点，是国家作为功能性组织发挥其作用的要求。一般来说，这一层面的问题，是具体的政治权力制度优化的问题。正是这一层面对权力强度配置的优化要求，构成了国家差异化的权力强度配置模式。也就是说，在优化的意义上，讨论国家纵向权力结构中强度配置的规则和程序，使次国家单位根据特有的文化需求得到体现才具有可行性。

第四章　宪制安排背后的法文化传统：
单一制决断的历史规则

　　将历史文化的选择转变为塑造国家组织的规则，包括权力结构和权力支配社会的方式通过宪法制度表述出来，背后隐含了对宪制一种知识社会学视角的认识，因为除了规范形式以外，它和任何一种国家模式下的制度形态之所以存在根本差别，是因为它内在还是"一整套具有逻辑自在性的知识体系"，包含了人权、自由、平等、民主等价值理念，"按照特定的逻辑体系组成一种关涉国家秩序的知识体系"。这种知识体系的发生，与历史文化对知识主体的型塑过程是合致的，"在历史中不断增补、删除、整合，从而构成相互联系的体系"。①

一、历史选择：文化认同和构建主体的形成

　　"历史群体是如何将具有多种政治群体表述的社会改造为单一的社会统一体的？这一过程涉及通过对自我的相对于'他者'的特殊构建来确立社会与文化界限。"②

　　从历史上逐渐由多元政治实体形成单一制国家，可以看成是多元社会共同体选择了一个更大范围的国家，也可以看做是多元社会共同体之间经过历史的整合形成统一的政治实体。无论是前一种保持各多元政治实体独立性的"选择"，还是"消解"各社会共同体在政治自

---

　　①　张烁：《权利话语的生长与宪法变迁》，中国社会科学出版社 2011 年版，第 11 页。

　　②　参见［美］杜赞奇：《从民族国家拯救历史：民族主义话语与中国现代史研究》，王宪明 译，社会科学文献出版社 2003 年版，第 54 页。

觉性上的独立性，归结到单一制国家这个统一的权力结构体系中，再来讨论国家和社会之间根据权力配置体系形成的权力互动关系以及权力实现过程，都隐含了历史对其中主体的构建过程；甚至可以说，正是历史对主体的构建，贯穿了单一制国家和统一社会共同体，以及它和各次国家单位中的社会共同体的权力关系构建、实现过程。

无论是社会共同体，还是政治实体，它们本质上都是社会群体的一种。"从社会学的角度看，群体……有着各种各样不同的、变动的边界，限定着其生活的各个不同层面。"① 这些界限，是"一个群体一种或多种的文化（culture）实践"的表达——从社会对组织方式的选择来看国家权力构建的原理的话，这种"文化实践"本质上是从属于人类文化学意义上的社会实践行为。在这个语境下，"文化"这个词——虽然定义纷繁——其词义演变，本身就包含了对历史过程的传承："在所有早期的用法里，是一个表示'过程'（process）的名词……通过隐喻，这种词义演变为下一个阶段重要的意涵奠立基础……被延伸为'人类发展的历程'。"② 故此，虽然对"文化"定义不一而同，但对它内涵的普遍的认识都包括了对"历史"或"传统"、"社会成员"或"民族"以及"行为"、"正当理由"或"规则"等范畴及其相互之间关系的讨论。③ 总而言之，"文化"在人类文化学意义上，从各种学说有限的共识来看，可以这样来理解：它是在历史发展的过程中，根据特定自然条件、物质生产方式以及特定阶段的历史条件等因素，而在特定人群中形成的一套观念体系，这套观念体系决定了这个群体为各个成员所共遵的生活信念、思维方式、价值准则和行为方式等，在行为方式的外在表现形态中，往往通过宗教

---

① 参见［美］杜赞奇：《从民族国家拯救历史：民族主义话语与中国现代史研究》，王宪明 译，社会科学文献出版社 2003 年版，第 54-55 页。

② ［英］雷蒙·威廉斯：《关键词：文化与社会的词汇》，刘建基 译，三联书店 2005 年版，第 102 页。

③ 对各种文化定义的探讨和分析，参见陈晓枫：《中国法律文化研究》，河南人民出版社 1993 年版，第 1-9、12-13 页；刘作翔：《法律文化论》，陕西人民出版社 1992 年版，第 3-12、35-43 页。

信仰、习惯或制度规则等更直接地表现出来。

在历史事实经过文化抽象成为特定共同体在社会生活中日常使用的概念、符号、语言表达方式等之后，它就将历史事实给特定社会共同体成员留下的烙印内化成它们的基因，"任何东西也不能阻止它们在自己身上保留着属于前一时期的仍然可辨的痕迹的因素"。

从这种理解出发，就会发现，"文化实践"或者"文化"的首要功能是会形成特定的界限，用以划定受到该文化支配的群体，或者说社会共同体借此完成整体意义上的主体自觉。这种主体自觉，是历史沉淀在社会共同体对主体身份的文化认同之中推进特定社会共同体"选择"生活方式，尤其是"选择"国家样式以及国家权力在自我之中的支配结构的前提条件。只有主体构建的完成，才能在此基础上形成国家，以及推进国家的权力配置结构的发展和变化。

当然，必须承认的是，在历史不断构建主体的过程中，社会共同体并不始终是被动的产物。事实上他们会在不同阶段的自觉基础上进行历史的溯源，由此形成社会共同体表述文化认同标准和推进文化认同的叙事史，这种叙事史的结构，并不一定是对传统的单纯重述，更重要的是形成特定的事实或观念上的联结，对"自我"与"他者"之间的关系进行重构。在这个过程中，相应的叙述结构会促使部分社会共同体之间发生文化认同或者排斥。这种认同和排斥就是对社会共同体主体的构建，包括群体界限进行重新划定、推动群体实践行为基本原则的变迁以及"提高群体相对与邻近其他群体的自觉性"。由此，社会共同体，通过叙事史，会根据语言的叙事结构将历史的联结事实按照一套潜在的、替代性的认知方式进行"再造"，这个过程最终指向政治实体的形成，历史选择沉淀为文化认同体系所构建的主体——尤其是最后构建单一制国家的政治共同体。①

不过从政治共同体通过文化认同实现对统一国家权力体系的构建，在不同的文化类型中，其构建的主体，以及通过主体构建国家权

---

① 参见［美］杜赞奇：《从民族国家拯救历史：民族主义话语与中国现代史研究》，王宪明 译，社会科学文献出版社 2003 年版，第 53-56 页。

力结构的具体作用方式还是存在差别的。

在"原始社会的始祖组织,以完整的形态径直长入奴隶制时代"并使之"成为国家建构的组织原则"的中国,① 它的"大一统"结构是在承续自然群体的社会结构的基础上,单一地承接了血缘宗族关系而建构其文化认同标准的,整个文化认同强调"整合"、"融合",形成了具有高度包容性的"中华民族"作为单一制国家的构建主体。多元政治实体在历史选择的过程中通过文化样式上的趋同最终发生主体身份上的认同,其群体的边界即使未曾消解,但也逐渐由刚性边界向柔性边界转化。②

由于存在一个单一化的认同标准,而这个认同标准是所有共同体自发存在开始就普遍存在的,并为作为整合核心力量的汉文化在政治国家构建之初就充分利用起来了的,③ 最终在中国的传统政治权力文

---

① 陈晓枫:《中国法律文化研究》,河南人民出版社 1993 年版,第 83 页。

② "刚性边界"和"柔性边界"是杜赞奇在分析群体的认同标准时提出的概念。他提出,不同群体之间产生独立性或差异性的自我认知就会产生共同体的边界,但是边界各有不同:"如果它们代表着一个群体但又不阻止这一群体与其他群体分享或自觉不自觉地采纳其他群体的实践,那么,它们都可以看做是柔性的界限。相互之间具有柔性界限的群体有时对差异已全然不觉,以至于不把对共同界限的破坏当做一种威胁,甚至最终会完全融为一个群体。"而"刚性边界"的显现则直接对应着社会群体根据"历史的溯源"进行"自我与'他者'的区分"的过程,"当一个群体成功地将一种传承(descent)或异见(dissent)的历史叙述结构施加于他样的和相关的文化实际之上的时候,此种情况便会发生。"参见〔美〕杜赞奇:《从民族国家拯救历史:民族主义话语与中国现代史研究》,王宪明 译,社会科学文献出版社 2003 年版,第 54-55 页。

③ 以中原氏族和氏族联盟为基础发展起来的政治国家,在西周的"血亲拟制"时期将宗法组织和国家组织完全合一,并且将宗法权威完全贯彻到政治权威当中去,使不同的宗族在政治共同体的认同标准上统一起来。参见陈晓枫:《中国法律文化研究》,河南人民出版社 1993 年版,第 83-85 页。这样的国家构建方式,取各个共同体共遵的宗族标准形式支持政治权力统一的形式,实际上将各个共同体的异质性,即原有的刚性边界转化为各个共同体得以在统一权力结构中独立存在的依据,消解了刚性边界在统一权力结构体系中和统一政治实体,以及和其他政治实体相冲突的作用。

化中形成了一种包容性结构，它将各个政治实体独立的主体认同部分地转化为柔性边界，使仍然存在为刚性边界的部分内化为该政治实体在统一权力结构体系中独立存在的方式——即转化为异质性单位，中国历代封建王朝在统一皇权体系下对少数民族地区的统治方式便属于这一类，典型的代表是明清时期在西南地区施行的"改土归流"政策，通过对原有少数民族共同体的自我治理方式进行统一权力结构体系内的形式统和，构建起民族之间的文化沟通机制和认同条件，逐渐推动包括苗族、壮族以及土家族的不同民族对以汉族为主体的封建国家的认同和向心力形成，最终将其民族差异性内化为该次国家单位在统一权力结构内独立存在的基础，而在整体和结构内部各组成部分之间的关系这两层意义上逐渐消解了因为民族差异而产生的文化排斥，在文化认同的意义上成为构建近现代中国的"中华民族"这个主体中的一部分——只是它进入中华民族这个主体的过程和方式，是以其异质性为根据的，所以在"大一统"结构内，它成为一种特殊的次国家单位，在权力结构统一配置的过程中成为差异化安排的结果，即单一制例外。

另一类则以近代欧洲民族国家为代表——虽然表面上欧洲国家内部各社会共同体的同一性比"大一统"的中国内部各社会共同体多元并存所显现出的民族同一性程度要高，但实际上从历史过程上可以发现，两者实际上是因为采取了不同的同一性标准，即文化认同的标准及其基础上所构建的主体是不同的："中华民族"自形成开始，它对各社会共同体进行整合的文化认同，即历史构建中华民族的过程，始终遵循"民族性"的主体形态标准，来区分群体，并以此构建"中华民族"这个更大范围的社会共同体——与之相对，从古希腊到近代资本主义社会，欧洲的社会共同体从一开始就以经济共同体为核心划分其群体，也就是说，身份的认同存在多元的标准，这就使主体在自我构建的过程中，存在更强的"人为性"，即理性自觉的要求更高。

具体来说，在民族国家相互竞争、政治国家权力和世俗国家权力相互竞争的这种多元、多层次的秩序格局中，权威和权力，或者说

"合法性资源"与"实际权力运作"的分离就会促使国家在民族之外还要找到另一个实质的要素去构建它的权力基础。后者构建了一种以领土为基础、民族认同界限为补充的民族国家，它的这种民族认同和社会在历史中自发产生的民族认同还有区别，根据后者而发展起来的当代欧洲式的民族国家的"民族"，是在领土支配，即权力资源分配事实的这种历史中，结合政治国家基于权力的支配范围而有意识划定、促成的民族，它们被定义为经过政治自觉而产生的民族，典型的代表是法国大革命之后构建多个法兰西共和国的法兰西人民及其法国。①

二、整合为统一国家：基本的权力强度

第一个层面的问题，对于单一制国家的各个社会共同体来说，只要它们最终对统一国家存在认同，它们在权力强度的基本配置方面应当具有相同的需求。统一中央政权在次国家单位中最基本的强度——对比单一制和联邦制国家可以发现，联邦制是各政治实体足以独立处理大部分的统治和治理事务，甚至包括一定范围内的主权性事务；反过来说，各联邦单位对统一中央政权的需求起码应当是小于次国家单位对单一制中央政权的需求——可以这样理解，如果联邦国家的中央权威必然存在哪些领域，这些领域综合所体现出的权力强度已经是单一制国家中央政权不能再进一步退减的了。

---

① 参见［美］杜赞奇：《从民族国家拯救历史：民族主义话语与中国现代史研究》，王宪明 译，社会科学文献出版社 2003 年版，第 59-60 页。法国人的例子之所以典型，在施密特的分析中得到了集中阐述："……民族是制宪权主体。……民族（Nation）……将人民描述成拥有政治行动能力的统一体，它意识到自己的政治存在，具有政治存在的意志。……当人民并非作为民族而存在时，它就只是一个在种族或文化上息息相关的联合人群，而不一定是一个政治地存在着的联合人群。人民制宪学说预设了有意识的政治存在意志……法国人民首先在其政治存在中找到了自己作为民族的形式。"参见［德］卡尔·施密特：《宪法学说》，刘锋 译，上海人民出版社 2005 年版，第 87-88 页。

对联邦制国家中央权力到底应该存在哪些领域，对比美国建国之初，由松散的邦联到具有一定整合的联邦，这段历史的实践正是探索联邦制国家中央政权基本权力强度的最好例证。

从美国探索联邦权力的实践历史来看，麦迪逊等联邦党人将宪法对联邦的授权总结为六大领域的权力：联邦权力——"1. 防御外来威胁；2. 同外国交往的规定；3. 各州之间保持融洽和适当的来往；4. 公用事业的某些琐碎问题；5. 制止各州的某些有害行动；6. 使所有这些权力产生应有效力的规定。"[①]

为什么会总结为这六类权力必须为中央政权所享有，从经济效益的角度，波斯纳法官曾经在回顾这段历史的分析中这样说道：

"……中央权威的缺失会导致（政策的）次优实施。企业中的每个部分（为联邦体制中的州，或其他区域性、地方政府）都会倾向于忽略其行为对其他部分的影响；每个部分都不愿为其他部分受益（外部收益）承担成本或为其他部分节省成本（外部成本）自我克制。中央化通过部门协调和强化合作，将成本和收益以企业范围进行内化。……议会被授权立法规制州际和对外商业活动；而最高法院，通过对（联邦）商业管辖权的解释，禁止各州设立关税或其他有碍于州际贸易或跨州旅行的关卡……"[②]

表面上，波斯纳法官的分析是从经济学的角度来评估中央权威强弱对国家发展效益的影响，并花了相当篇幅讨论当中央集权过度时会造成对国家发展的负面影响——这是他对联邦制优于单一制的效益分析；但即使作为一个联邦制的拥护者，接下来他又分析指出：松散的权力结构虽然解决了信息链过长的问题，但却不足以维持足够凝聚力，这是统一国家实体独立存在的必然要求。

再回头来看这段由邦联向联邦转化的历史，实际上也是美国巩固

---

① ［美］汉密尔顿等：《联邦党人文集》，程逢如、在汉、舒逊 译，商务印书馆 1982 年版，第 206 页。

② 参见 Richard Posner. Federalism, Economics and Katrina. 贝克-波斯纳的博客（becker-posner），2005-10-09。

自身独立的历史。在这个过程中,"美利坚民族"在不面对外力威胁的情况下,实际上是松散的——19世纪的南北内战直接暴露了这个问题。政治共同体的构建虽然是自觉的,但这种自觉往往是功利的,甚至是仓促的;一旦威胁不再紧迫,生存威胁而带来的自觉就容易退到政治共同体的视线之外,个体的自为性就会在共同体内部构成分裂的力量。所以,要使联邦国家乃至于所有的统一国家在构建之后,能够长久独立存在,必须要有足够的中央权威强化统一国家的凝聚力,能够防止国内分裂,更要能够防止因为国内各组成单位的独立性和相互之间的分歧而导致外部干涉。因此,要达成这种目的,就需要统一中央政权具有自足的权力能力,足以对各成员单位独立采取行动,在协调各单位独立行动失效的情况下有能力进行强制整合,保证在对外关系中统一国家的整体利益。要达到这种权力控制的效果,在权力的范围上固然要对涉及各成员单位之间,即所谓"州际"事务,以及涉及全国性的事务由中央权力进行控制,即麦迪逊所总结的前五项权力;更加重要的是,"使所有这些权力产生应有效力的规定"是权力能够转化为现实的必要保证,它现实地转化为权力对社会资源控制的深度——举例来说,经济利益的竞争是各州处于对立状态的重要原因,这种对立反过来分割了国内市场,使英国长期能够利用这种市场分割的状态攫取美国的经济资源。南北战争的原因之一正是美国南方棉花种植业主在亲英国的市场地位下和北部工厂主发生利益冲突。要真正地协调各州这种各自为政的行为,就必须消除它们之间分割市场的行为,同时以国家为单位整合为一个大的协作生产单位。战争毕竟是非常手段,为了长久地解决这个问题,联邦政府不断在"州际贸易管理权"的基础上发展自己对各州的资源调配权力,更进一步通过联邦银行以及后来"美联储"的建立强化了联邦通过统一财政和货币政策调控各州发展的能力。

联邦国家的中央权力深入各州之间分裂对峙的根本动因:市场利益竞争。为了直接控制市场资源,国家从资源的调配机制入手,进而影响,甚至主导了利益的分配机制,最终将"美利坚民族"整合为利益的共生体——如果单纯只是以统一的中央权力依靠各州自己调配社会资源进行执行，联邦和中世纪欧洲大陆的封建国家逐渐便会别无二异——尤其是神圣罗马帝国，皇帝的权力意志实现依赖于领主的配合和支持，最后一个国家分裂为林立的公国，签订《威斯特伐利亚和约》被作为近代"国际关系"的里程碑。

三、单一决断内部结构：权力强度配置的差异化

麦可·欧克秀曾指出："……国家及其宪政的发展也不是如'理性主义者'所设想的，可以依照人的理性规划出一套尽善尽美的宪政典章，且按此规划铸造出一个'万世不移'（once for all）的政治体制。毋庸讳言，政治体制在某个程度上是人为设造（making）出来的，但它不是一件制造物或艺术作品。……制度的形成也不能称之为'自发成长的演化'，它少不了人为的设计、经营或制造，只是国家宪政及其制度的安排必然跟特定时期的人民的情感、信仰有着密切的关联。这些现实流行的情感、信仰又是沿袭某些既成的传承，经由诠释与转化而形成。"①

在"构建"这个意义上，权力强度的配置就不可能只是统一国家被动适应次国家单位选择行为的单向过程。国家在基本权力强度的配置基础上实现自我维持，之后面临的问题就是进行权力结构的优化。

社会对统一国家的选择，并不简单只以政治共同体的整合为主体，在政治共同体主体构建过程中存在的多元政治实体转化为次国家单位之后，仍部分地保留着自己的独立性。这里的问题是，如何看待由独立政治实体转化而来的次国家单位，以及后者如何表达自己的独特文化需求。

事实上，文化认同构建统一主体的过程也是构建主体通过文化实施构建行为的过程。也就是说，如果从更微观的层面来看统一政治共

---

① 蔡英文：《主权国家与市民社会》，北京大学出版社 2006 年版，第 37 页。

同体构建单一制国家的过程的话，这个"政治事件与制度的发生与变化，乃是一连串人的情感、想象、思维、意向、作为、设计、建造等前后与彼此之间偶合（contingent）的互动、激荡的关系，它形成一种延续性的过程，其中没有绝对的静止，亦没有绝对的断裂"。①

其中，延续性的过程，承载了主体的"情感、想象、思维、意向、作为、设计、建造等"因素，在历史的必然和偶然性之间相互作用，最终指向统一国家构建。那么，也就是说，从延续性的过程来看，独立政治实体作为构建主体并不会因为统一政治共同体的产生而消灭它们的存在——这种存在，以统一政治共同体存在的方式来说，其基础就是它们独特的文化样式，这种独特的文化样式也不会因为更大范围的文化认同就停止作用。要找到次国家单位会如何对统一国家提出权力强度配置的要求，实际上可以追寻构建主体在选择政治统一体认同时的标准和方式。

文化认同在整合过程中，表现为主体在文化作用下的一种选择行为，在一定意义上会对自我文化进行"再造"。但是无论如何，如前所述，特定种群的文化会像基因一样传递在它的成员当中，决定着他们认知和思考的全过程。

来探讨次国家单位在文化层面上的认知和思考过程，从而探讨它们的独特需求——公允地说，这确是一项难以捉摸的的任务——不过，"许多社会事实彼此间都是紧密联系着并且相互制约着的。因此，具有自己制度和风俗的一定类型的社会，也必然具有自己的思维样式。……尤其是因为制度和风俗本身，实际上只是那些可说客观地受考察的集体表象的某种样式。这使我们意识到，对人类社会各种类型的比较研究，与对于这些社会中占统治地位的集体表象和它们之间的关联的比较研究是分不开的"。②

---

① 蔡英文：《主权国家与市民社会》，北京大学出版社 2006 年版，第 39 页。

② ［法］列维·布留尔：《原始思维》，丁由 译，商务印书馆 1997 年版，第 23 页。

制度、风俗都是特定社会共同体文化实践的形式，如果说，承认社会共同体在转化为次国家单位之前已经形成了相应的主体自觉，尤其是就单一制例外这种已经有了政治自觉的次国家单位来说，它们独特的制度和风俗，乃至于与国家构建最紧密相关的政治传统、政治观念以及政治制度，社会共同体受其支配参与到国家构建的过程实际上也就是它们文化指示系统现实的实践过程。反过来说，在构建中所表达的价值认知、思考方式以及表达的方式和程序等，也正是该社会共同体转为次国家单位之后，对统一国家权力强度配置存在特定化需求的根据和表达方式。

"但是，即使经过这样一番限制，我们的企图仍然无疑会显得太大胆和极无把握。我们的研究会冒不完整的危险，它所提出的问题无疑会比它所能解决的问题还要多……"① 克服这个问题，布留尔采取的方式是在调查的基础上建立了一个巨大的数据库，然后分析广泛分散在语言表达、意识方式等思维表述过程中的原始思维，抽取尽可能贴近原初思维方式的规律性信息——在这里，且不说工作量的问题，把不同文化式样放在同一种标准下进行比对也是不现实的，这与同一化地权力强度配置犯了同样的错。但是他的研究方式却提供了一个极为可行的切入点，那就是集中通过"表述"的分析，来判断其中特定共同体所具备的政治文化选择标准以及选择方式。

"表述"（representation）这一概念有许多方面的意义和指称功能，其中之一就是"分类和描述的运用会产生多重的知识型式，不同的社会群体则通过分类与描述以不同乃至对立的方式建构起了'现实'。"② 不过，"表述"本身只是行为，在政治文化支配下共同体作出的表述，应属于文化的高级实践形态。简而言之，应当是文化中理性思维的作用过程。就像梁漱溟先生指出的，理性的思维"始

---

① ［法］列维·布留尔：《原始思维》，丁由 译，商务印书馆 1997 年版，第 25 页。

② ［美］查特尔，《文化史：实践与表达之间》，柯可兰 译，康奈尔大学出版社 1988 年版，第 9 页。

于思想与说话";① 所以，作为政治共同体表述对权力强度的意愿，这个行为中真正的文化含量是在表述的语言和语言结构中：前者最基本的单位是用来认知的概念，后者则包含了认知过程中的价值信念、认知方式和致思路径，集中在特定文化对概念进行系统安排的逻辑关系中——就像历史沉淀为共同体进行主体认同的文化标准一样，一种逻辑的形成，也是"从心理过程或历史过程遗留下来的零零散散的观念所组成的……这种逻辑颇似一个万花筒，万花筒里的彩色碎屑可产生各种结构图案。……碎屑不能再被看成是独立于这个制成品的实体了，它们已成为这个制成品'所说的'某种'话语'（discous）的不确定的细碎成分。然而在另一方面，碎屑必须充分有效地参与某种新型对象的形成：这个对象就是图案配置，由于镜片的作用这些图案配置对于各种实物来说反射都是等同的，也就是说，在其中记号具有了被意指的事物的地位"。②

也就是说，只有在逻辑关系中，概念根据"产生了它们的历史的角度"，它所表述的价值、观念、认知等内容才具有实在的意义。故此，探讨共同体在政治文化支配下的"表述"——回到单一制国家统一权力结构的配置语境下来看，次国家单位，尤其是单一制例外的这种独特的政治文化"表述"，它们通过什么政治概念，以及什么政治价值理念对统一国家以及统一政权的实现方式作出了认同和选择，可以作为是政治文化支配下次国家单位作出独立意愿表述的集中表现，也是得以探知它们特殊文化需求的关键。

而结合国家权力强度配置这种权力的互动结构，来看单一制例外为代表的次国家单位的表述就不再是单向的——尤其是发生了整合之后，这种"表述"还包含了对统一国家的认同和基于这种认同发生的文化式样上的一定变化——如上文所述的整合过程中，主体的构建正是特定共同体文化认同标准变化的一个例证——此时的"表述"

---

① 梁漱溟：《中国文化要义》，三联书店1987年版，第139页。

② ［法］列维·施特劳斯：《野性的思维》，李友燕 译，商务印书馆1987年版，第43-44页。

则应当转化到对话的过程中进行解读。

对于"对话"来说，或者对于统一的政权权力配置过程而言有意义的政治概念和政治价值理念，仍然是指向"认同"的，或者说，次国家单位的独立性既已存在，它的独立需求之所以能够为统一国家在权力配置中所认可，如前文在国家整合的基本权力强度中所分析指出，其底线必然是不能突破统一国家的整合要求，必然不能与国家凝聚力相斥。

所以，在这里再次限定分析的范围：探讨的次国家单位的独特文化需求，是在统一框架内，能为统一权力结构认同，同时需要在统一权力结构中得到表达的政治文化需求。

事实上，次国家单位眼中统一的国家权力——虽然是反映为对国家权力强度配置的特殊文化需求，但这种特殊性，是和权力强度在全国范围内进行配置的普遍性需求根本一致的，因为不同次国家单位的不同表达而形成形态上的区别。这就是齐泽克分析国家构建这个命题时，针对主体特殊性的自觉而提出的问题："在何种意义上①普遍性产生于构成性分裂；其中特定认同的否定将其转化为认同及其完全的符号。当一些特殊内容作为缺乏普遍性的替代物出现，也就是说，普遍性只有通过特殊性的分裂起作用时，普遍性才会在特殊性中出现。……由于普遍性内容与特殊内容间联系的偶然性特征，后者作为替代物起作用……"②

也就是说，国家在主体认同和文化整合的基础，不仅仅是包含，而是依赖次国家单位通过特殊的文化需求而形成的对普遍性的指涉而

① 这种"意义"或条件是指当"特殊的'曲解'作为普遍概念的'典型'而传播"时，即所有的普遍性是通过具有特殊性的个体得到表现的，在这种普遍性规定和个体化实现方式的统一中，普遍性规定需要构成性分裂，即个体的特殊化表达才能为人所认识。参见［斯洛文尼亚］齐泽克：《敏感的主体——政治本体论的缺席中心》，应奇等译，江苏人民出版社 2005 年版，第 201 页。

② ［斯洛文尼亚］齐泽克：《敏感的主体——政治本体论的缺席中心》，应奇 等译，江苏人民出版社 2005 年版，第 202-203 页。

完成对全社会的需求的回应——"普遍性的存在通常依赖于一个空间的能指：'由于社会的构成不可能性只有通过空洞能指的生产而代表自身，政治因而是可能的。'……既然社会并不存在，其根本统一只有在某些特殊内容……的空洞能指的伪装下才能符号化——为该内容进行的斗争是政治斗争。换句话说，政治之所以存在，是因为'社会的不存在'：政治是为空洞能指的内容而进行斗争的，它代表了社会的不可能性。过时的短语'能指的政治'也因而完全得到证实：能指的秩序是政治的，并且相反，在能指秩序之外不存在秩序。政治的空间是普通能指系列与空洞的主能指之间的裂缝（gap）。"①

换言之，统一国家权力强度配置之所以显现差异化，并不是为了强化差异，而是为了实现普遍性，是对特殊化要求的整合，而不是保存特殊性。而次国家单位政治文化独有的概念和它们之间的逻辑关系构成的需求表达，是政治共同体获得真实性的有限根据。次国家单位在这种过程中对统一国家表达认同和需求，并不是指向空洞的统一体，也不是生造一个新的统一体，而是它们独特社会对政权要求的映像在统一权力体系中投射的过程和结果。

总而言之，当回头用当代国家的身份在多文化整合的语境中来看整个单一制国家构建历史的时候，会发现，相比地理疆域这个曾经被认为是统一主权得以确立的客观基础，文化认同的力量更具有决定性——尤其在经济、技术发展不断削弱着地理因素对国家权力控制范围的支持作用时，② 不是依托于一定地域而发展起来的社会共同体的权力构成以及其中所蕴含的文化认同力量逐渐凸显为选择国家"变成什么"的决定因素。正由此，特殊存在着的文化需求成为整合普遍社会构建国家权力的真正标准；另一方面，表述这种独特性并不是

---

① ［斯洛文尼亚］齐泽克：《敏感的主体——政治本体论的缺席中心》，应奇 等译，江苏人民出版社 2005 年版，第 202-203 页。

② 参见［加］卜正民、施恩德：《民族的构建：亚洲精英及其民族身份认同》，陈城 等译，戴联斌 校订，吉林出版集团有限责任公司 2008 年版，第 2-4 页。

真实的目的，即便为了实现独特需求的目的，表述独特性也并不足够完成这个任务，表述是为了交流、认同以及整合，反过来则会造成共同体自觉或不自觉地发生文化形态上的变迁。

第五章 历史整合的建制化

一、合法性论证：由政权样式到权力配置

（一）在政权合法性认同过程中构建权力

"权力的文化网络"，杜赞奇提出这个概念——据他自己说，受益于孔飞力在《晚清之叛乱及其敌人》一书中区分清朝的衰亡和中华文明的衰亡这种分析。基于一种权威而建构起来的社会秩序并不会因为权威化身的国家机构组织的崩塌而结束，它的基础仍然在这种权威得以产生的社会及其阶层中继续存在。故此，在国家权力的构建、运行以及它与社会的互动关系中，权威所代表的、"权力赖以生存"的社会组织和这种组织所产生的文化合法性认同才是特定的权力构建能否真正在社会中得到实现的基础。"从外观上看，这一网络似乎并无什么用处，但它是权威存在和施展的基础。"①

统一国家的权力强度配置是一种社会事实的构建，但是构建到实现，需要作为支配对象的社会共同体对它采取有效地认同。在这个意义上，来看构建时要考虑的文化选择原理，在国家和社会之间，就是看国家在多大范围和多大程度上在社会中受到了文化对它的权威认可——从权力到权威，也就是文化使国家权力在社会中最终通过形成"网络"而得到实现的过程。即使单一制国家能够经由战争征服、政治权谋的历史推进中央政权在广大疆域内统治权力的建立，但暴力征服和强权控制并不能使国家这个已经和社会组织相异化的组织长久存

---

① 参见［美］杜赞奇：《文化、权力与国家——1900—1942 年的华北农村》，王福明 译，江苏人民出版社 1996 年版，第 13-14 页。

在，"人的任何行动都是在某种价值观支配下发生的，并受到道德和正当性框架限定；当某种社会行动缺乏价值动力或不存在道德上终极的正当性时，其充分展开是不可能的"。[1]

更何况在疆域扩展的过程中，单一制国家将不同社会统一起来，相对于这些被统一的社会而言，单一制国家是它们形成了政治自觉之后，根据自我组织的结果二次组织起来的力量。要真正在全国范围内建立起国家对社会的有效统治和治理，国家要有效构建统治，它的权力强度要能在次国家单位内获得文化认同，就必须要符合获得次国家单位中根据自我组织原则和需求——即特定社会共同体的政权合法性需求以及权力实现的配置结构在特定共同体内获得合法性认同的论证路径——这就是单一制国家次国家单位对国家权力强度配置，以及在此基础上形成的国家权力构建样式的文化选择标准以及选择方式。

具体来说，单一制国家主权在特定社会共同体范围内的确立，是权力强度配置的原点。在这个历史过程的分析中，怎样的统一国家能够最终在社会中建立起稳定的统治和治理——实质上是社会能够接受国家建立起怎样的权力秩序，这就是所谓历史对国家样式的选择。这个选择过程既是事实的形成，也包含了社会共同体对特定权力秩序的认同，反过来正是特定权力强度配置方式获得社会认同的过程。

认同，在政治国家权力配置的语境下，完整的表达应当是社会共同体对国家通过权力实施的社会支配或控制予以接受，使国家通过特定强度的配置追求权力实现的主观意图能够获得社会的支持和最大化的实现。一语概之，是社会对国家权力强度配置方式的合法性认同。

在单一制国家中，统一民族国家整合多元政治实体并建立起为多元政治实体能够接受的、使之并存的政权结构，在既已存在的单一制国家主权之下，为权力强度配置方式的具体选择过程完成了两个前提条件的准备：第一，能够有效表达合法性认同意愿的主体。从权力配置的整体状态和静态结构出发，单一制国家作为统一的政治共同体，

---

[1]　金观涛：《探索现代社会的起源》，社会科学文献出版社2010年版，第5页。

它是国家这个组织的真实基础，也是和国家权力发生互动的真实主体。从权力配置的内部组成部分和动态过程出发，不同的社会共同体统一在同一化的权力语境下得以进行意愿的规范表达，不能为统一政治共同体完全同一化的异质性单位在这种条件下才能够成为有效表达认同意愿的主体——否则或者分裂为独立的政治国家，如"二战"后从荷兰独立出来的比利时，以及冷战后分裂的捷克和斯洛伐克，都是无法在单一制权力结构中获得独立意愿有效表达的异质性单位；或者异质性单位会在整合力量占优势的历史过程中被融合为同一化的社会共同体，如在历史进程中被中华民族融合的鲜卑族等，后者的向心力大于异质性单位对统一政治实体的排斥作用，则在统一的权力结构中实现了同一化。总的来讲，要在单一制权力结构中对统一主权国家的政权实现方式，即在不同社会共同体转为次国家单位之后国家通过权力强度配置推进的统治和治理行为作出有效的社会互动，就必须要求存在有效表达合法性认同意愿的主体，统一的政治共同体及其内部的、具有独立自觉的异质性单位，合起来构成了整个单一制国家权力强度差异化配置结构形成的社会基础。

第二，统一表达合法性认同意愿的路径。合法性认同是权力对象基于国家权力的支配事实所实施的价值判断，这个判断过程意味着首先要有特定的合法性判断标准，其次要存在权力对象执行该标准的正当程序——尤其当在多元政治实体整合的基础上形成的单一制国家内部，要求统一政治共同体和异质性单位同时对国家借以实现社会支配目的的权力强度配置方式进行价值判断的时候，要形成统一的政权才能使不同判断主体和它们的判断标准整合到一个可以相互认同的体系中，简单来说，起码要使不同社会共同体能够在相互认可、相互对话的基础上完成对统一政权及其权力强度配置的合法性认同，也唯有这样，不同的合法认同意愿才能够在统一的权力结构中得到表达，这是单一制国家统一主权的起码要求。

从这样的角度来分析合法性的条件和基础，结果是表面上，合法性判断的过程由社会作为主导裁判者，包括统一政治共同体和异质性单位两种社会共同体在内，仿佛国家权力强度配置的方式和过程是在它们的评判和选择过程中被动形成的。然而，事实上的运作方式却是相反的：作为"对象"，社会才是被动的——哈贝马斯在《合法化危机》中就韦伯提出的"合法性"问题进行分析，除了对"合法性"这个静态的结果进行类型化分析之外，韦伯事实上还进行了"合法化"在这个过程概念的分析，他提出了两个问题：

第一，任何权力都会进行自我辩护，"一切权力，甚至包括生活机会，都要求为自身辩护。……所有经验都充分表明，在任何情况下，统治都不会自动地使自己局限于诉诸物质的或情感的动机，以此作为自身生存的基础。相反，任何一种统治都试图唤醒和培养人们对其合法性的信念"。也就是说，任何权力在控制社会的过程中并不是被动地接受社会认同标准的考察，它会积极主动地寻求合法性，可能会改造自己使之符合社会合法性标准，也可能是建立一种合法性认同标准然后致力于将它实施于社会。在主体的条件中，真实引导合法性认同过程的是国家，即使是对历史选择的一种适应——毕竟而言，没有任何国家是完全自发的结果，它的独立意志总带有一定程度上的人为构建的努力成分。这样一来，相对于自发性成分更高的其他社会组织，国家作为具有自觉意志和高度行动力的组织，借由它最有优势的行动资源——权力——主动地引导社会对其进行的合法性认同，是更符合现实的。在此需要注意的是，虽然国家主动地引导社会合法性认同的过程，但是国家本身是服从于特定社会的，所以国家的主动适应行为并不否认历史选择对国家样式和国家权力配置标准的型塑作用，相反国家正是在这种历史型塑的基础上生成的主体，因此，归根结底，它的主动适应行为，不过是承续历史传统的另一种方式。

第二，合法性信念作为一种认同，并不能只从其心理学意义上去寻找。因此，根本还是在于社会对合法正当的接受过程，即一种"正当程序"。① 当然，这里恐怕容易产生一个解释的循环，用"正

① 参见［德］尤尔根·哈贝马斯：《合法化危机》，刘北成、曹卫东 译，上海人民出版社 2000 年版，第 127-128 页。

当"去寻找"合法",后者在韦伯的学说中有时候也直接被理解为"正当",尤其当它用来指称权力支配结构中掌权者的支配地位正当性①的时候。

事实上,如果回到国家政权已经产生的前提下,讨论一个单一制国家主权既已确立之后,它的社会控制过程,也就是权力强度的配置方式的可接受性或者合法性(正当性),那么就是说,已经暗含在政权基本规定当中存在了进行具体合法性判断的规则。在这个时候,国家的权力之所以为正当或合法的权威,为社会所认可和接受,是因为它作为"一个政治体制的治理权(ruler-ship)",即权力体系的存在以及运行"被肯认乃是遵循法律的程序而从事各方面的公共事务"。此时,程序和形式上的合法正当就取代了对权力实质,即政权本身作为一个整体存在的实质目的或实际意图的合法正当性的追问。此时,遵从既有单一制国家政权,在这个事实的基础上,依照单一制国家确立时已经得到认可的基本规定,只需要寻找合法性在社会中被共同体通过特定交往形式和言行表达条件进行认可的程序就可以了。② 也只有在这种正当程序的意义上,才能够容纳不同层次、不同范围的共同体,在统一权力结构中形成有序和有效的认同意愿表达。

换作从国家的角度来看合法性认同过程的两个条件,政治国家通过权力配置实现自我构建和自我实现的过程就统一起来了。所以,历史自发的选择和国家构建的意图最终统一为:凝聚了历史选择的合法政权在承续传统政治文化认同标准的意义上,对整合为统一权力体系内部的次国家单位实施权力配置,即构建纵向权力结构体系;由于国家在建立之初根据历史型塑的合法化过程,即政治国家得以确立的基本规定及其适用过程建立在统一国家和原多元政治实体在整合过程中的社会互动基础上,那么,要反过来推证单一制国家统一权力配置体

---

① 参见〔德〕马克斯·韦伯:《韦伯作品集(Ⅱ):经济与历史,支配的类型》,康乐、简惠美 译,广西师范大学出版社 2004 年版,第 297-299 页。

② 参见蔡英文:《主权国家与市民社会》,北京大学出版社 2006 年版,第 48 页。

系中，政权作为一个整体，由其核心部分分解、配置为结构各个部分和动态实现过程各环节的具体形态是如何形成的，或者是遵循什么标准形成的，根本问题就是要解决单一制国家政权合法化的实现过程，即特定合法政权通过社会认可为正当的程序对认同标准进行适应的过程。从这个意义上，特定单一制国家的权力配置原理，就蕴含在特定国家政权推进自身合法性论证的过程中。

合法性的论证路径对应着特定的合法性类型，它是政权在社会中获得合法性认同的过程和方式。社会共同体根据自己特有的传统政治文化、特定时代的政治理论以及对政权的现实需求等因素，综合对特定政权的存在方式和运行方式，尤其是该政权在实现过程中，分解、配置于自身时的形态和方式，即权力强度进行价值判断和意愿表达，表现为权力实现过程中的社会互动环节，直接制约的是权力的实现效果，在一定程度上代表了社会共同体对权力以及政权的接受程度。从认同的全过程和其作用方式看来，政权的合法性论证，在特定单一制国家根据合法性论证所蕴含的价值标准和程序规则寻求一种能够推进权力实际效果最大化的强度配置方式的语境下，是一个需要根据特定合法性成立的具体过程进行还原的问题。也就是说，虽然一个单一制国家的形成是对历史格局的承接，"合法认同"也不是一个一次性完结就不再接受追问的行为：一方面，单一制国家基本是对多元政治实体进行整合的结果，内在包含了具有异质性的次国家单位；另一方面，认同是社会和国家之间基于权力控制而在社会互动基础上完成的，但社会互动并不是阶段性的或暂时性的，它是持续不断地存在于国家对社会实施统治和治理的权力控制过程中的。

虽然按照现代宪法理论，政治国家的合法产生，基于主权者一次性地行使"政治决断"，将权力转化为政治国家现实的政治权力——对这一理论作出精辟论述的施密特就提出，主权者的权力借由"政治决断"转换为国家政治权力的总决断行为，产生了国家作为政治统一体所有规范正当性和有效性的"存在基质"，此后国家作为宪法和法律规范上的存在便转为一种合法秩序。① 但这是否就成为政权合法性追问在此戛然而止的标志呢？答案是否定的。这个否定的答案不是出自别处，不是出自对施密特理论的批判中，而恰是施密特自己在理论中所指出的。首先，在他的眼中，"政治决断"的行为，即制宪权的行使，并不等于一部文本宪法的制定完成，故此，国家也并不是一个一次构建完毕的工程，宪法的多层次含义之一就可以理解为"宪法=政治统一体的动态生成原则"，它指有一种根本的或在根基处涌动的力量或能量使政治统一体处于不断形成、不断被创造的过程中。宪法就是这个过程的原则。在这里，国家……政治统一体必须日复一日地从各种对立的利益、思想和目标中产生出来，借用斯门德的话来说，政治统一体必须将自身"整合起来"。其次，即使是制宪权，它也具有常在性，既不因为主权者的行使而消亡，更现实地转化为修宪权部分地继续存在。②

既然合法性判断或"政治决断"并不能让国家在政权合法性的论证问题上"毕其功于一役"，那么，单一制国家就有必要在认识政权合法性在政权确立之后，找到国家根据历史为合法性确立的基本规定及其实现方式，将之转化为现实政治国家统一法律规范秩序体的内容，通过它来推进国家权力在统一政治共同体内部不同层级、不同范围内的实现。这种转化就是单一制国家基于纵向权力强度配置原理而作出的，真正适应本国的国家构建行为。

（二）合法性论证和权力配置

政权合法性是和特定单一制国家相适应的，这就是说，要从众多历史、经济和社会文化等条件不同的单一制国家中抽象出政权合法性的论证方式，就必须要进行类型化的分析。如果已经承认单一

---

① 参见［德］卡尔·施密特：《宪法学说》，刘锋 译，上海人民出版社2005年版，第84、98-99页。

② 参见［德］卡尔·施密特：《宪法学说》，刘锋 译，上海人民出版社2005年版，第7-8、103-104页。

制国家政权的确立是一个在历史选择过程中被接受的事实，那么特定政权的合法性类型就凝聚了这个历史过程中政治国家及相应社会共同体根据经济、社会文化以及民族等各方面现实条件作出的价值判断。可以说，合法性论证路径既然是价值判断的过程，对特定单一制国家政权合法性论证过程的分析就应当与相应的合法性类型相对应。

根据马克斯·韦伯对政权合法性类型化的经典分析，理论上，存在三种"纯粹"的政权合法性类型，即：

"1. 合理的性质：建立在相信统治者的章程所规定的制度和指令权利的合法性之上，他们是合法授命进行统治的（合法型的统治）；——或者，

2. 传统的性质：建立在一般的相信历来适用的传统的神圣性和由传统授命实施权威的统治者的合法性之上（传统型的统治）；——或者最后，

3. 魅力的性质：（建立在）非凡的献身于一个人以及由他所默示和创立的制度的神圣性，或者英雄气概，或者楷模样板之上（魅力型的统治）。"①

这三种合法性类型一般又称为法理型合法性、传统型合法性以及魅力型合法性（卡理斯玛型合法性）。韦伯所关注的是在特定社会的政治传统、经济类型或者其他事实基础上，政权根据它所获得的正当认同，即合法性产生的可能为社会所接受的支配类型。在由特定社会历史事实转化到政权构建出来的支配结构这个过程中，政权合法性类型实际上决定了权力能够在特定社会中得到实现的形态，换句话说，它是国家权力和社会共同体之间在支配结构中决定权力实现的关键环节，从这一环展开，特定合法性得以成立和基于它成立的逻辑而在特定社会中进行的权力构建就恰好对应了合法性的证成。

———————

① ［德］马克斯·韦伯：《经济与社会》（上），林荣远 译，商务印书馆1987年版，第241页。

1. 卡理斯玛型权威:① 实证和转化论证

"卡理斯玛"原意为"神圣的天赋",是早期基督教用语中用以指称获得神帮助的超常人物,后被引申为具有天赋优势的伟人,具有非凡的魅力和领袖能力,根据他个人的非凡荣誉以及声望而获得群体的推举和遵从。② 马克斯·韦伯提出这种政权合法性的类型,这种类型的政治统治所依赖的权威是最高统治者的特殊魅力和超凡品质。它往往产生于传统秩序发生危机,人们对原有的信仰体系产生动摇之时。其合法性来自于服从者作为信徒的虔诚态度或产生于激情、困顿和希望而致的信仰上的献身精神,因而,它是一种最不稳固的政治统治形态,往往随领袖人物生命的完结而终结,或者随最高统治者的改变而改变。

先从"卡理斯玛"这种合法性类型展开,因为它只是一种非自足的合法性,和其他的合法性类型相比,它是偶发性的,缺乏体系化的论证。"卡理斯玛"式的人物最典型的就是先知,本身就是一种政权价值体系的构建者。

在这种支配结构中,掌权者和每个权力对象建立起"私人性"的权力支配关系,基础建立在个人人格的"妥当性和实证"基础上,要是要求持久的话,总是要进行转化的。③ 因为无论是向团体转化,还是共同体转化,即使如转世灵童这种不断"寻找一个新的卡理斯

---

① 基于韦伯政权合法性类型分析讨论论证路径的部分,主要参考的是广西师范大学出版社编纂的《韦伯作品集(Ⅱ):经济与历史,支配的类型》,康乐、简惠美 译,广西师范大学出版社 2004 年版。在这个版本中,将商务印书馆的"权威"、"正当统治"译为"支配",有时候参考广西师范大学版本的翻译是为了考虑在政权中根据权力而在统治者,或掌权者与权力对象之间形成的一种结构和关系,双方的主体地位和选择意愿对政权类型的作用,通过"支配"结构更能够集中体现出来。

② 参见〔德〕马克斯·韦伯:《韦伯作品集(Ⅱ):经济与历史,支配的类型》,康乐、简惠美 译,广西师范大学出版社 2004 年版,第 353-355 页。

③ 参见〔德〕马克斯·韦伯:《韦伯作品集(Ⅱ):经济与历史,支配的类型》,康乐、简惠美 译,广西师范大学出版社 2004 年版,第 363-364 页。

玛领袖"的行为，它所确立起来的权力之所以能够获得继续的正当存在，实际上都只是将它作为一种正当权力作为传统得以确立的起点，或一种法制规则得以形成的初始阶段，从而使它所包含的正当性分解、转化到其他合法性类型当中得到持久的实现。

无论是转化以什么新的形式得以继续，作为政权合法性确立的合法化起点，当然，作为独立的合法性类型，它仍然和传统型、法理型的合法化原理存在根本区别：卡理斯玛的这种"私人"支配是个体的，也就是具体的；而后两种，则是对共同体形成一种支配的习惯的延续。

要使这种"私人"支配能够在社会共同体之间实现普及并在一定时间内延续下去，它就必须保证这种具体的私人关系不断地能够得到印证。换句话说，即使在开始，追随者可能因为狂热的信仰或者个别的神迹感召而发生盲目的服从，但是服从之后，客观的利益实现才能使这种服从得到印证、巩固、普及和延续。这就是说，要"凭空"新立一个传统或规则，就要求卡理斯玛支配能够获得适当的例行化，并被继承下去。

所以从这种政权合法性的成立逻辑以及它的存在方式，即韦伯所说"例行化"的方式来看，要论证卡理斯玛型权威的存在，需要实证；而当领袖本人的神迹已经成为新的传统和信念，就意味着政权在确立之后要持续地寻找新的论证路径，转化为其他的权力构建形式对合法性政权的正当延续。

这就是说，在政权的维持、分解并构建为特定权力结构形式，转化为一定的权力强度被施之于社会的这个过程中，要使社会能够在持续状态下对权力实现认同，单纯依靠卡理斯玛构建一个合法的权力整体或权力核心是不够的。卡理斯玛型的权威依靠实证而确立之后，需要转化为其他的合法类型，使权力持续地从社会认同处获得权力控制目的的实现。在这种基础上构建权力的实现结构，并向社会配置强度，必须要借助于这种政权在权力传递过程中的转化，或以继承人转化为传统型权力，如封建帝王根据世袭权力或者国家继承原则获得对特定社会共同体的合法统治的继续。如清朝借由皇帝的多重性就极为典型，"他是佛教的王（King），中亚的可汗，以及达赖喇嘛的拥护者……在中原地区，他扮演的就是儒家皇帝的身份"。但这种"个人身份"而对多民族、多文化地区产生的统治权威在本质上会因为个人人身的消灭而消亡，在清政权内它转化为传统世袭权威，而进入近代民族国家政权转型阶段，则要根据民主法治权威的正当制宪程序，确立起民国以及后来的新中国对它们的正当主权统治；① 或者转化为一套政权的价值信念，如古希腊所传说的提修斯改革所确立下的"阿提卡"权力结构，依此确立起的是权力的规范化实现方式，在符合"规范"，实质上即法理型统治中的合理性或合法制的意义上，判断权力结构形成和权力强度配置方式的合法性。

2. 传统型的"权利"论证

"如果某一支配的正当性是来自其所宣称、同时也为旁人所信服的、'历代相传'的规则及权力的神圣性，则我们称此种支配为传统型支配。支配者的产生是以传统性的惯例，而人们之所以服从也是由于他们因袭的身份。此种支配团体，就其最简单的例子而言，奠基于经由共同培养出来的个人恭顺上。支配者……是个人的主人。……管理干部与主子间的关系取决于个人的忠诚……"②

从历史过程上看，由传统型的政权合法性向近代单一制民族制国家过渡，是欧洲单一制国家最常见的方式：一是在仍然保持着君主制度的国家中，由封建地产制的君主到近代觉醒的"民族"要求建立公共政治国家，如英国对苏格兰和北爱尔兰的主权地位，希腊对阿索斯山的主权地位，以及意大利基于各自治城市或"城市共和国"而形成的统一基础也可以认为属于这一类。二是常见于欧洲单一制国家根据殖民地的占领历史而获得的当代对海外领地的主权统治事实，如

① 参见〔加〕卜正民、施恩德：《民族的构建：亚洲精英及其民族身份认同》，陈城 等译，戴联斌 校订，吉林出版集团有限责任公司 2008 年版，第 132、137 页。

② 〔德〕马克斯·韦伯：《韦伯作品集（Ⅱ）：经济与历史，支配的类型》，康乐、简惠美 译，广西师范大学出版社 2004 年版，第 323-324 页。

法国对包括留尼汪、瓜德罗普、马提尼克、法属圭亚那、新喀里多尼亚和法属波利尼西亚在内的海外省或海外大区的主权地位，以及西班牙对加那利群岛的主权地位等则属此类。

传统的政权合法性最为直接的理解是对历史事实的合法化。它的合法化过程就是人身支配结构中，掌权者根据传统进行支配地位因袭的过程。即"由于某个经由传统——或由传统的支配者所指定"，①此时，权力的合法性来自于掌权者身份和地位取得的合法性，可以说是合法的支配权力是掌权者基于对支配地位享有"权利"而产生的。在这种权力合法性的证成路径中，身份是合法的依据，身份取得的合法化则是权力合法化的路径。

传统型权力合法性论证是在"权利"的合法论证中成立的；反过来，"权利"也就限制了权力的合法强度。即使不追问"权利"本身的存在依据，一般来说，这种"传统"② 被当成一种事实承袭下来作为之后权力的依据，而"传统"作为事实，只能实地存在于获得公认的范围内，以既定的方式来实现。所以在传统型的权力合法性分析中，哪些权力能够被认为是正当合法的，韦伯还是提出了两种标准：

"a. 部分由于直接限定了命令内容的某种传统而且只有在某个限度之内被认为妥当。越过此一限度，则将危及支配者的传统地位。

---

① ［德］马克斯·韦伯：《韦伯作品集（Ⅱ）：经济与历史，支配的类型》，康乐、简惠美 译，广西师范大学出版社 2004 年版，第 324 页。

② 韦伯对"传统"的正当性是这样解释的："任何一种支配关系的正当性类型中，那些由合乎正当性的立法机构发布的规条，在它们规条的内容上，都必须受到当时现行的正当性原则认可；并且证明，它与正当性基础的内容：传统、理性、对天赋的信仰，相和谐一致。在合理—正当（合法规章下）支配关系范围中，正当性是受到实质方面及形式—合理方面理性之原则的支持而产生的。"［德］马克斯·韦伯：《韦伯作品集（Ⅱ）：经济与历史，支配的类型》，康乐、简惠美 译，广西师范大学出版社 2004 年版，第 324 页。

b. 部分由于传统在某个程度内给予支配者恣意而行的自由。"①

根据因袭获得身份，意味着权力是根据"权利"产生的。也就是说，权力是和"权利"这种最基本的社会资源分配依据相适应的。更精确地说，依据身份产生的"权利"，它对于权力的内容、范围和配置实现方式，对于权力所能对社会施行的支配强度都是和身份相适应的。就像在近代英国自斯图亚特王朝之后获得对苏格兰的主权支配地位，就是基于历代国王基于英格兰第一代斯图亚特王朝的国王詹姆斯一世对苏格兰的统治地位因袭而来；在詹姆斯一世时苏格兰已经确立起来的、更接近欧洲大陆式的封建政治制度就是其后英国历代君主根据身份因袭所能获得的"权利"，至少在根据君主继承身份而获得的主权性权力范围和权力能力中，不包括突破这种"权利"界限得以改变苏格兰政治制度的自由。反过来，詹姆斯一世继承姨母伊丽莎白一世对英格兰的统治地位，多铎王朝确立下来的开明君主专制，使君主的"权利"在集权程度上大大低于苏格兰君主权力传统，他和科克大法官那段著名的争论除了印证英格兰法治传统深厚之外，科克大法官当时更依据早在 13 世纪，亨利三世时的王座法院大法官布雷克顿阐明确立下来的传统惯例，提出："根据英国法律，国王无权设立任何案件，所有案件无论民事或刑事，皆应依照法律和国家惯例交由法院审理。"② 在这种条件下，君主的身份带来的"权利"本身是有界限的，因袭是出于对传统的延续，这种延续既是合法化依据，也

① ［德］马克斯·韦伯：《韦伯作品集（Ⅱ）：经济与历史，支配的类型》，康乐、简惠美 译，广西师范大学出版社 2004 年版，第 324 页。
② 英国这种普通法传统在亨利三世时代已经不仅仅是某种无强制约束力的观念。亨利三世的前任是著名的"失地王"约翰，后者在国王任上颁布的《大宪章》确立了英国王权受到普通法约束的传统，普通法院依据独立的司法权力享有的审查范围包括对国王和国会的权力进行是否越权的审查。参见 ［美］爱德华·S. 考文：《美国宪法的高级法背景》，强世功 译，三联书店 1996 年版，第 20 页；［美］罗斯科·庞德：《普通法精神》，唐前宏 等译，法律出版社 2001 年版，第 41 页；潘金贵：《刑事预审程序研究》，法律出版社 2008 年版，第 67-68 页。

是权力合法性的现实界限。除了英国以外，正如上文在欧洲封建国家的历史分析中提到，由于欧洲封建国家普遍通过封建地产制确立起权力的分配，对受到支配的社会共同体而言，它们形成对领主权力的合法认同源于君主在封建等级制中对地产权利分割之后对领主的身份封赐，反过来各级封建权力的范围和对社会的支配深度都受到地产权利的范围和行使规则的限制，尤其是国王所代表的统一国家权力，在以各级封建领主为代表的次国家单位眼中，是不能随意对自己内部经济、行政和司法权力进行干预的外部力量。① 在封建传统社会结构对君主的封建地产"权利"进行层层分割之后，这种次国家单位的自足性其实也就是君主代表的统一国家权力合法强度界限的较早的规范表达形态。

身份的因袭并不仅仅是封建国家权力合法化的依据，在当代国家来说，主权者和权力对象的身份合一，作为政治共同体的"民族"在承续历史传统的意义上成为身份"权利"的因袭主体。所以在当代国家，"只有民族国家的国家机器才能成功地实现垄断暴力工具的要求，而且也只有在民族国家中，国家机器的行政控制范围才能与这种需求所需的领土边界直接对应起来"。②

虽然在民族国家形态下，文化认同成为身份因袭的方式，主权者支配地位的合法化路径仍然保持在对传统的因袭当中，不过民族国家的身份认同和传统以个体为掌权者的身份因袭还是有所不同，它是在对次国家单位有限的文化整合基础上形成的"民族"这个统一政治共同体，也就是说，当主体本身包含了多元性的时候，统一国家权力不但会受到传统"权利"范围和实现规则的限制，还会受到主体整合程度的限制。

此时的国家在文化认同范围内构建起的主体，它对各次国家单位所实现的整合程度是整个国家权力的"权利"范围；而在这个过程

---

① 参见［英］佩里·安德森：《从古代到封建主义的过渡》，郭方 等译，上海人民出版社2001年版，第155页。

② ［英］安东尼·吉登斯：《民族——国家与暴力》，胡宗泽、赵力涛、王铭铭 译，三联书店1998年版，第20页。

中，文化认同推进过程则是"权利"证成的路径。换句话说，民族国家在认同基础上构建起来的民族文化，它以"主导族裔的文化为基础，通过官僚融合和本土动员"：前者表现为"国家的政治精英利用行政机构、司法体系、教育和通讯网络等进行文化同化和政治整合"，后者则由"受过良好教育的知识分子重新发现古老的族裔传统，使它转化为民族文化，同时为民族共同体提供政治合法性的过程"。①

3. 法理型的"规范"论证

法理型权威，又称法制型的政权正当性。当代政治国家中普遍采取的立宪政体，以法治原则为其政权组织和运行的基本原则。可以说，虽然合法性类型的纯粹性只是为了理论分析的需要，故而并不能将法理型政权合法性作为当代政治国家普遍确立的唯一合法性，但它也是最重要的一种合法性。反过来，讨论当代政治国家立宪政体之下合法的权力体系如何构建、如何配置以及如何运行，可以作为认识法理型政权合法性论证路径最直观的角度。

首先，法理型政权合法性，就其概念来看，是指在一定的领域或团体内，"根据目的理性或价值理性（或两者并立）的基础，经由协议或强制的手段来建立"的由法律规范进行支配的结构，所有的成员、成员关系或"其社会行动的诸种形式"都受到这种规范的"权力笼罩"。在这种支配结构中，执行规范权力的具体成员虽然在形式上可以被认为是掌权者，但他（他们）"自身也得服从于一套无私的法令和程序。他的决定和对下属的命令，都受到这项秩序的指引"。而作为支配对象，"服从支配的人是以组织的'成员'的身份而服从的，他所服从的，也只是该组织的'法律'。……是服从一个无私的秩序。因此，成员对掌握权威者服从的义务，只限于这项秩序所给予的、为理性所界定的、切实的管辖权范围之内"。②

---

① 参见〔英〕安东尼·史密斯：《全球化时代的民族与民族主义》，龚维斌 等译，中央编译出版社 2003 年版，第 74-77 页。

② 〔德〕马克斯·韦伯：《韦伯作品集（II）：经济与历史，支配的类型》，康乐、简惠美 译，广西师范大学出版社 2004 年版，第 307-309 页。

其次，从这种概念出发，来看政治国家及其权力支配下的社会之间的关系，和卡理斯玛型权威建立时和传统型权威建立以及运行过程中所体现的支配结构不同，它就不表现为共同体内的分裂——特定成员掌握权力资源而对其他成员实施支配，表现出掌权者的人格化和权力实现中受到人格化因素的影响，即所谓"人治"或个人的专断会成为权力强度配置的目的以及方式形式上的决定因素。法理型的权威，将整个共同体模拟成一套根据共遵的法律规范而存在并运行的规范体系，而每个成员都成为它的支配对象。

再次，暂且不讨论规范权力本身为什么合法，只以合法成立的规范权力为前提来看现实的权力实现过程，权力要得到实现必然还是要借助于分解和配置，所以共同体内部相对的分裂仍然会成立，此时所谓的"掌权者"权力来自于理论上不能由其支配、也与其人身分离的规范。这就是法理型政权合法性在实现形式，或者说权力结构的配置上采取非人格化的官僚组织的原因。

在这种基础上，官僚组织将权力之所属或权力之由来和权力之所实现的过程分离开来，每个成员在执行规范中既分享权力也就意味着受到规范权力的制约。由于规范权力适用于全部成员，由特定成员或者特定阶层的成员固定把持权力就会造成权力"人格化"的危险——这正是当代立宪政体中民主代表制精英寡头化的危险，它会在事实上构成规范权力独立性和至上性的虚置，将法理型的权威在现实层面转化成传统型的权威。①

要解决这个问题，就要打破特定成员或阶层对规范权力的垄断，

---

① 这里的转化涉及对法律上的权威和事实上的权威的区别，这是因为韦伯所采取的社会学的分析视角会使研究对象扩大到人的"内部行为"，即社会心理学层面；但是在这里，只是要讨论在行为上，由于规范所确立的权力合法性被行为所虚置，发生了行为上对人格化的掌权者的权威遵从，使规范下配置的权力在实际效果受到人的"外部行为"的扭曲和虚置，造成权力合法性在社会行为的层面发生了实际的变化，可能造成法律意义层面上权威类型的变化，不是要讨论事实或者心理层面的变化。参见［奥］凯尔森：《法与国家的一般理论》，沈宗灵 译，中国大百科全书出版社 1996 年版，第 198-199 页。

分解权力使之在成员间"分享",这种分享不同于封建制基于"社会契约"对政治权力为"量的划分",① 而是根据"职权"将权力按照理性需求,在组织成员间按照"专业训练和规范制约"而形成相互配合的结构体系。②

这里,"理性"成为政治权力分解为具体权力并予以结构化配置的依据。也就是说,权力配置结构和运行过程的合法与否,判断标准是"理性"。

但是,什么是"理性"?

这就需要最后还是回到对规范本身的合法性追问上来。

实际上,根据规范进行权力的配置并控制其运行的全过程并不是法理型政权合法性的专利。其他情况下的规范,即使是具有表述方式上的抽象性,但本质上它是其他权威的产物,受到"掌权者的专断",在传统型中,身份制结构使"'法'成为各种具体的特权的总和,而非抽象的规则。至于卡理斯马型支配,就其本质而言,是与规则不兼容的"。③

法理型所说的规范,在整体意义上构成前后一致的法律体系,由抽象规则构成,这种规范实际上是当代立宪政体法治原则之"法",在独立成为一个规范体系掌握权力的条件下,它自身和政治国家在存在上合一为一个人格化的权力主体,在当代立宪国家中,表现为国家以宪法规范为基础获得存在,权力以宪法规范及其基础上建立起来的规范体系获得合法地存在,并进一步在分解、配置和实现过程中在规范体系的独立控制中强化和推进权力和具体掌权者之间的分离,即"非人格化"。所以在法制型政权中,即使处于最高官僚层级的

---

① 参见〔德〕马克斯·韦伯:《韦伯作品集(III):支配社会学》,康乐、简惠美 译,广西师范大学出版社 2004 年版,第 220 页。

② 参见〔德〕马克斯·韦伯:《韦伯作品集(II):经济与历史,支配的类型》,康乐、简惠美 译,广西师范大学出版社 2004 年版,第 309-312 页。

③ 参见〔德〕马克斯·韦伯:《韦伯作品集(II):经济与历史,支配的类型》,康乐、简惠美 译,广西师范大学出版社 2004 年版,第 308 页。

"人"，或者行政首长，"他的支配亦只限于法律规定的管辖和权限"。①

在最后一层问题的讨论中，可以看到，当代国家在立宪政治中要实践法理型的政权合法性，关键是要建立起合法的规范体系，其中宪法规范是最为基础的规范表述。在这种条件下，政治国家脱离规范体系而独立存在社会中，是不可想象的，更不必说政治国家通过权力配置得到实现。② 也就是说，政治国家可以通过权力配置获得什么样的存在样式，以及它由"超然"的独立存在如何通过具体的强度配置实现对社会共同体的支配，都取决于规范的表述。总之，"规范"是法理型政权构建和配置实现的合法化依托，它如何被社会共同体，尤其是各次国家单位论证为合法的标准、方式和过程，决定了这类政权在权力强度配置实现中应当遵循的标准和程序。

4. 在"权力"③ 论证中巩固诸权威

权力的合法化，从行为的本质来看，是一个社会共同体接受权力为合法的过程。但是合法化认同的过程，和所有的认识过程一样，并不总只是以理性主义的方式推进的，更多的时候，经验主义的认识方式也是合法化论证的重要进路。批判理性主义法哲学家汉斯·阿尔伯特曾经就认识过程中这两种进路分别的局限和它们之间的关系提出过一个"明希豪威-三重困境"："假如一个人支持自己结论的理由是另外一个或一套命题，那么这个命题或一套新的命题就相应地接受人们不断地发问。这个过程将会一直进行下去，直到出现下面三种结果：第一，无穷地递归（无限倒退），一直无法确立任何论证的根基；第二，在相互支持的论点（论据）之间进行循环论证；第三，在某个

---

① 参见〔德〕马克斯·韦伯：《韦伯作品集（Ⅱ）：经济与历史，支配的类型》，康乐、简惠美 译，广西师范大学出版社 2004 年版，第 311-312 页。

② 参见〔奥〕凯尔森：《法与国家的一般理论》，沈宗灵 译，中国大百科全书出版社 1996 年版，第 213-214 页。

③ 这里以及后文用引号标注的"权力"，和权力强度中作为资源的权力不在完全相同的含义上使用；此处强调"权力"作为一种控制力量的强制特征，用来注明业已建立起统治事实和支配结构的状态。

主观选择的点上断然中止论证过程，例如通过宗教信条、政治意识形态或其他方式的'教义'来结束论证的链条。这个三重困境……无论启蒙时期的理性主义还是经验主义（两者均追求像自然科学那样积累起来的知识），都不能够担保知识的百分之百（绝对）的确实性。我们的直觉和通过内在的反思所获得的自我知识看起来也是不牢靠的。"①

根据韦伯对政权合法性类型化分析而分别推导不同政权合法性的论证路径，都没有解释在政权构建起点处历史事实是如何成为合法化认同对象的过程，也就是说，没有对政权本身作为一个存在事实进行合法化的追问，只是以特定合法性成立为前提探讨该类型要求政权在分解、配置过程中如何满足和实现共同体的合法认同要求。就传统型而言，在封建世袭国家当中，它必须以"权利"合法性成立为前提论证相应权力在各级社会共同体中的强度配置结构，而何以认为特定家族对世袭皇权或王权享有"权利"是传统合法性本身不能回答的。

从认识推进的循环过程来看，当理想主义的解释力已经到达极限的时候，正是转向经验主义认识的必要时机。

如果承认单一制国家是历史文化整合下形成的政权支配事实，这种事实就构成了这些单一制国家政权在统一政治共同体以及各次国家单位内最基础的"合法"前提，所有其他的合法化都是在这种前提的基础上展开的，由此才会发生对特定政治国家的权威进行合法性认同的过程。此时便回到了对单一制国家产生最初功能性需求的问题上，也就是说，为什么多元政治实体会选择统一的政治国家权力？

从经验主义的角度来看，多元政治实体统一到单一制国家这种历史事实被固定下来，其文化认同过程必然需要客观的依据，认同的对象和过程都不是凭空发生的；和承认政治国家作为社会功能性组织一样，无论历史过程怎样将这种认同过程进行了理论化的加工，但根本上，单一制统一国家和其他类型的国家一样，要获得认同首先应当满

① 戚渊、郑永流、舒国滢、朱庆育：《法律论证与法学方法》，山东人民出版社 2005 年版，第 38—39 页。

128

足其作为功能性组织的社会需求。

只是和其他类型国家不同，单一制的统一国家权力要能在次国家单位内获得认同，就必须证明自己在功能性上优于原政治实体。相对于发生于次国家单位内部的原政治实体，统一国家是一个"外来"的力量。这就是说，它的权力第一次出现在社会共同体视野中，或如一个"入侵者"，或如一个"卡理斯玛"式的存在，就像中国古代对君主权力施之于社会的"君临天下"过程称为"圣人代天理物"，①而古罗马帝国各行省也将外来的日耳曼蛮族看做"救星"祈望其拯救一样——无论是"降临"而来不与万民相同的"圣人"，还是外民族的拯救，要一个社会共同体在一开始接受外来的权力组织，如果强行用征服固然也是可能的，但在征服之后要将这种权力"例行化"确立，就必须要确立一种合法化的基础来"结束论证的链条"，也就是结束社会共同体对于事实的进一步追问。在这种情况下，只有卡理

---

① 在中国传统政治哲学观中，"人"是分等级的，这种等级不单单是按照礼制在社会中能享有不同资源，更重要的是这种分等来自于对"人性"的分等。孔子曾提出："惟上知（智）与下愚不移矣。"（《论语·阳货》）在这种分等的"人性论"基础上，董仲舒所改造的汉代儒学中，在阐释本体论和认识论的"深察名号"一章中，提出"性三品"说："生民性，有善质而未能善，于是为之立王以善之，此天意也。"即所谓有圣人为王，而和"中民之性"的大部分人民区分开来，前者不必教而自善，后者则需要教化，此外还有不可教化的"斗筲之性"的下等人民（《春秋繁露·卷第十·深察名号第三十五》）。最后，在将儒家政治学说体系哲学化的朱熹理学体系中，则进一步细致论证为：人之为人的人性根据"天命之性"和"气质之性"构成，前者禀受"天理"而生，"然其本然之理，则纯粹至善而已，所谓天地之性者也"。后者则因为不同的人禀受的"气"各不同，在这种条件下虽然人因有"天理"之性确"人之性皆善"，"然而有生下来善底，有生下来便恶底，此是气禀不同。……日月清明气候和正之时，人生而禀此气，则为清明浑厚之气，须做个好人；若是日月昏暗，寒暑反常，皆是天地戾气，人若禀此气，则为不好底人。"（《朱子语类·卷四·性理一》）最终在程朱理学中，因为禀受的气不同，人被分为四等，其中最上一等仍为"圣人"，"立教"而教化人民去除身体里生来便具有的浊气、戾气。从这里来看，称为"圣人"或者君主，作为掌权者控制社会的一方，从其存在的根本性质上就与支配对象区分开来。

斯玛型的权威是可以满足外来权力在次国家单位内获得首次认同的。

然而，正如上文指出，卡理斯玛型是无法使自己"例行化"的，除了转化之后由其他权威合法性论证路径维持，卡理斯玛型在确立的过程中，独立的自我论证方式就成为解决转化前合法性基础的确立方式，这就是实证，即"权力"论证。

要证明外来的政权力量，具体来说是统一的单一制国家权力在次国家单位内能够在更大程度上满足原政治实体所能满足的功能性需求，"权力"论证的实现方式是对功能性需求的直观回应。既然所有的国家本质上都可以看做是一个功能性的组织，社会共同体普遍存在着的生存和发展方面的功能性需求决定了"权力"论证在各种类型的国家政权合法性中的普遍存在。

二、"权利"论证中的世袭权威

如上所述，传统型的政权要论证其合法支配，通过对支配者即掌权者身份地位获取过程的论证完成。在这个过程中，掌权者根据"身份"或"地位"对政权全部或政权分解为的具体权力享有"权利"，这种"权利"根据传统被规定下来的内容和界限则构成了各掌权者根据"权利"实施社会支配之权力强度配置的基本依据。

一方面，发现传统，或者说主动地遵循这种基本依据，应当是掌权者的理想状态，也就是达到理想国家强度的方式。从这种意义上讲，这种基本依据即为国家权力规范的基本规定。

另一方面，不但权力始终有扩大的本能冲动，而且在获得了对支配的认可之后，"个人的服从义务在本质上倾向无限扩大"。和法理型支配不同，虽然这种合法性也要求掌权者在获得身份的过程中符合身份的因袭规则，但是问题在于，作为因袭规则的"特殊的传统"是怎么确定下来的？毕竟，"就纯粹类型的传统型支配而言，法律或行政法规不可能经由立法程序制定"。所有的法律、命令或其他权力意志的表述形式只需要宣称是对古老传统的"发现"就可以满足其合法性的形式要求，而在绝大部分情况下，这种"传统主义革命"，即"发现既存之法"的形式合法性也就是这种支配类型下权力合法性论证所需要满足的所有条件了。① 追究"先王"或"先祖"真实做法的情形少之又少，博丹在提到对王权进行限制时，他并不认为王权的内容或范围要受到法律规则的限制，而是在"保持国家的完整统一"的意义上为王权设置两个方面的形式限制——"一是有关王位继承的法律；另一是未经同意王权的任何部分都不得转让的法律。"除此之外"……虽然一个君主能从先王那里继受一些法律，从本质上讲给自己一部约束自己的法律就像命令自己完全依据自己的意愿做某事一样，这是不可思议的。"②

也就是说，无论权力是否符合"先王"权力行使过程中形成的内容规定，这些最初法律规则在内容上都是无意义的，真正有意义的是他自己获得地位的整个过程。"世袭"过程的合法是获得权威的根本的、唯一实在的依据。这样一来，在传统型支配下，对权力进行事实限制几乎不能认为是这种支配类型论证的必然内容，只是不能让权力对产生自己的依据进行突破，所以这种限制本身只是为了避免产生逻辑上的自我否定。另一方面，可以看到，存在的限制针对世袭"权利"的形式要件存在。也就是说，和法理型支配的论证相比较可以发现，它们虽然在表面上都要求政权符合既存的规则，但实际上，在传统型支配的论证中，"既存"只留下了一种形式，规则是以其"被发现"的程序符合形式上的条件而满足其合法性论证功能。程序也并不是因为存在既有的理性规范，而是因为这个程序是符合支配地位的传统延续性，在"权利"的来源形式上符合"因袭"的程序规则就足够。

在这种条件下，论证"权利"的关键就是论证获得权威支配地位的过程，即世袭的程序具有合法性。可以说，程序的合法性是证明

---

① 参见［德］马克斯·韦伯：《韦伯作品集（II）：经济与历史，支配的类型》，康乐、简惠美 译，广西师范大学出版社 2004 年版，第 323-325 页。

② ［法］让·博丹：《主权论》，李卫海、钱俊文 译，邱晓磊 校，北京大学出版社 2008 年版，第 22、46 页。

"权利"主体即掌权者地位及其权力合法性的标准,社会之所以接受特定权力的支配,源于对程序权威的认同。

一般认为,传统型的支配权威存在于封建时代包括君主国家以及教权支配下的宗教权力体系中,所以在现代国家合法性的分析中,有学者指出,这种传统型支配"并无任何民族基础",而"既然神授王权的王朝在今天已不复存在,韦伯的类型学便失去了其中一类标准"。① 但是从韦伯一开始提出传统型支配的合法化过程的时候,他举出的例子是日耳曼习惯法中,通过成年男子集会而行使律例"发现程序"说明在传统型权力合法性的证明过程。② 且如上文所述,身份的因袭并不仅仅是封建国家权力合法化的依据,在当代民族国家形态下,政治共同体在"民族"身份上的因袭成为对特定社会和国家边界享有主权者支配"权利"的合法化依据,应该说,传统型的合法性支配并不是"衰落",也并不只在君主立宪国家的王室中以得到"保留",传统型合法性的支配转换为另一种形式得以继续存在。

不过,曾经在传统型的"权利"论证中还有这样一种限制,即"权利"范围的限制。具体来说,就是韦伯所提出的两个标准(见上文"传统型的'权利'论证"),"权利"在某种被认为属于妥当的限度内享有自由,那是不是意味着除了程序,仍然有内容规定作为特定掌权者获得权威的条件呢?

应该说,这里讨论的是根据业已成立的"权利",如何在其基础上构建其为社会共同体继续认同的权力支配关系。也就是说,作为合法的权力起点,任何权力都有存在意义上的内容边界,但这种边界一旦完成对"权利"存在的论证,就不再独立地对之后的权力支配进行合法化论证,而要借助于实际掌控权力意志的主体发挥作用,而后者身份的合法化依赖于程序权威。

---

① [法]马太·杜甘:《国家的比较——为什么比较,如何比较,拿什么比较》,文强 译,社会科学文献出版社2010年版,第129页。

② 参见[德]马克斯·韦伯:《韦伯作品集(Ⅱ):经济与历史,支配的类型》,康乐、简惠美 译,广西师范大学出版社2004年版,第323-325页。

　　所以，根据传统型建立起国家权力对社会的支配关系，在权力具体分解为不同强度实施于次国家单位的过程中，统一国家，或者中央政权的适度控制取决于它在传统过程中曾以什么方式进入这个社会共同体的视域，它们这种进入的程序规则，限定了国家权力得以进入的方式以及强度。

　　这种权力强度的构建方式，通过程序树立统一政权的统治和治理权威，见之于绝大部分单一制国家对业已形成政治共同体的次国家单位进行统一的历史过程中，如通过王位继承获取对苏格兰主权地位的英王以及之后的英国中央政权对苏格兰的统治，英国允许苏格兰根据独立法律传统行使自治权，而行使之主权则依据主权者地位的承袭程序获得苏格兰的合法认同。此外，典型例子还有意大利：在诸封建王国、自治城市以及城市共和国的基础上统一起来的意大利，虽然它的统一是以撒丁王国为中心推进的，但是这个统一国家的真实主权者是"意大利族"；完成意大利统一的撒丁国王查理·阿尔伯特却被历史学家描述为一个虚伪的自由主义者，他回应1848年革命浪潮、喊出"意大利人自己干"的口号并最终推动意大利独立民族国家形成并不是出于对其后意大利治下各部享有"权利"，而是一种纯粹的政治策略，① 他和他的王权只是搭上了民族自觉为政治共同体的"便车"。所以从根本上看，意大利国家的形成是以民族以政治共同体享有的自决权，即"权利"为依据和起点的，在这种条件下成立的国家权力在统一西西里、撒丁以及威尼斯等这些单位时，民族国家在这些单位中的最初"权利"奠定了它们今天在意大利宪法中作为"特区"的基础。"二战"之后，意大利颁布了一系列地区自治条例，并在1848年《意大利宪法》中作出了专门规定，当初为了对抗外来干预以及统一资本主义市场的需求而产生统一民族认同并建立起统一主权国家的国家范围仍然限制着意大利中央政权在这些地区确立起来的基本强度——今天可以通过西西里和撒丁两个自治区的比对看到，虽然在宪

————————

　　① 参见王绳祖 等：《国际关系史》（第2卷），世界知识出版社1995年版，第135-137页。

法地位上它们相同,但是西西里的区主席级别与中央内阁部长相同,并且可以参与内阁会议、拥有表决权,其领导下的区政委员会也有权独立处理地方事务;相较之下,原本为统一力量"大本营"所在的撒丁特区则由中央派出地区的行政首脑,区主席非地方行政首脑,只是负责监督本地区对中央任务的执行情况,在中央内阁只能列席发言、参与讨论,并没有部长级别身份,更无权表决,其区政委员会亦无权独立对本区事物进行决策,需要根据中央决定授权行使执行权,可以说,单一制统一政权的权力强度在撒丁的严格控制和西西里的高度自治形成鲜明对比,它们之间的权力强度差异,恰与意大利统一历史中,由撒丁统一力量建立起的中央政权在它们之中的不同"权利"地位相适应。①

三、"规范"论证中的话语权威

和传统型支配论证常常混同的是法理型的论证,二者同样关注于掌权者权力的规则,但是传统型只关注掌权者获取支配地位,即世袭的程序规则——掌权者身份的合法性和权力的合法性合二为一,在现实中形成的是"人格化"的权威,与此相对,韦伯提出法理型通过权力的组织运行过程推行官僚制,即"非人格化",后者则关注掌权者所掌握的权力存在哪些内容规则限制。

传统集权国家在向当代单一制国家推进"人治"到"法治"的转型过程中,法理型这种用规则来贯穿整个权力构建、分解、配置以及运行于社会中全过程的合法性类型成为克服传统"人治"色彩最重要的政权合法性原则,并且成为这些国家在当代转型中短暂出现的"卡理斯玛"式权威之后,确立新的合法性政权时所采取的主要例行化方式。

上文在比较法理型权威和传统型权威的论证路径时就已经指出,

---

① 参见俞可平主编,金太军著:《当代各国政治体制——南欧诸国》,兰州大学出版社1998年版,第165-166页。

两者都会表现为依据特定的规则展开合法性论证，区别是传统型论证中所论证的规则只适用于权力渊源的范围中，权力由其渊源符合主体身份符合程序规则的形式合法要求，即可以推定具体权力的合法性——所谓"三尺法安在哉，前主所是著为律，后主所是疏为令"，①"法自君出"即名正言顺，权力在渊源形式上的合法性并不为权力强度的具体配置内容或配置方式设置实质合法性标准。而法理型权威中，要确立一种能够"笼罩"全体社会成员的合法性规则，预设这种规范体系具有超然性的、独立价值和独立内容，韦伯所说官僚组织所应当遵循的"专业训练和规范制约"即属于这种规范。

在纯粹技术性或纯粹理性的意义上，法理型权威下的政权在权力的分解和配置时，严格依照专业训练的优势来分配职权和相应的权力资源，即权能。在专业的基础上，"规范"确在理想状态下能够最大限度地趋向于客观性的标准。正是基于这种理想的假设，法理型政权组织通过各司其职的官僚机构分解权力，根据结构中各自"部件"独立自主的运行机制来制约各级实际掌握权力的个体，从而排解权力结构中因为等级地位而产生的人格化因素——就像中国的皇帝对于儒家官僚集团的运作机制并不一定清楚或者愿意合作，但如已达到君主专制之高峰的明朝，万历皇帝长久的辍朝并没有真正起到"要挟"官僚集团的效果，反而把自己变成了一个摆设——但是在实际的过程中，不得不注意到的是，毕竟辍朝这种不尽组织义务的做法，也没有让官僚集团最后罢黜这个形式上的最高掌权者。这就是说，形式的理性和价值无涉是"空中楼阁"式的假象，由此就必然产生一个现实的问题：无论是韦伯所说的专业规范，还是西方自然法学理论提出的超脱于现实政权和具体人格权威的"自然理性"，规范都必须要得到"发现"以及解读——也正是在这个环节中，才会出现传统型的权威有时候也仿佛是"法治"而非"人治"的，也正因为此，才需要不厌其烦地区分这两种权威的合法性——而既然要区分这两种形式上易于混淆的合法性类型，那么就必须保证政权所依据的规范能够发挥独

① 一作"三尺法安出哉"。见《史记·酷吏列传第六十二》。

立于具体掌权者的合法化权威，并将这种权威的合法性判断标准贯穿到权力运行全过程的控制中。具体来说，就要保证国家权力在具体分解和配置为不同强度的实现过程中，社会所确立起的合法性标准应当独立于掌权者个人意志，并且对权力的强度配置过程以及结果进行实质判断。

在这种"规范"论证的过程中，如何实现掌权者意志和规范内容的分离就成为关键，规范的内容必须得到独立的解读，因此，可以说通过"规范"论证的政权，其合法化依赖规范的论证权，即话语权的运行中。任何对理性规范的"发现"和解读——恰如"罗马法复兴"的方式所揭示的，注释法学派和评论法学派都深谙这个道理："旧有的真理若要保有对人之心智的支配，就必须根据当下的语言和概念予以重述。……尽管这些旧真理赖以为基础的理念（ideas）之确当性一如往昔，但其语词（甚至当它们指涉的依旧是我们在当下所面临的问题时）却已不再传送其往昔的信念；其论辩的情境也已不为我们所知悉；而且它们对我们所面临的问题亦几乎无力做出直接的回答。这种情形可能是无法避免的，因为任何可能支配人之思想的对理想的陈述，都不可能是全涉的（complete），因此，这类对理想的陈述，都必须适应于某一特定的语境，必须以当时所有的人所接受的大多数观点为基础，而且还必须根据这些人所关注的问题来阐明一般性原则。"①

可以说，法理型政权合法性自其确立，用以推进合法化的"规范"就被控制在发现者、重述者或者解释者这样一些话语权的行使者手中，要能真正地推进"规范"的独立、超然价值，关键就是要通过突破话语权的"人格化"来推进"规范"下权力的"非人格化"，反过来说，"规范"论证的推进，关键也就是要掌握话语权。

从权力的配置结构来看，话语权并不是一个正式的制度权力，它隐含在整个权力结构的基础部分，是权力合法性观念的直接延伸——

---

① ［英］弗里德利希·冯·哈耶克：《自由秩序原理》（上），邓正来 译，三联书店1997年版，第1-2页。

因为作为一个"被接受"者，国家权力在社会共同体中配置权力控制时，规范总会在权力合法化的过程中，将具体承担权力配置和强度控制功能的官僚组织阐述为以权力对象的需求的代表者和实现者，那么，权力在具体的强度配置和运行中，到底是否符合规范所阐释的合法性，总会将权力实效的合法性交到官僚组织的"执行"行为手中，此时的合法性权力论证就会因为话语权垄断在单方权力传递的结构中而出现一种"被阐释"为合法的倾向，由此使合法性论证和权力强度的配置走向两种相反的方向：第一种是较为理想的状况，即如前文所述，理论上，统一单一制国家政权的形成是以高度同一的共同体文化认同为基础的，那么单方权力传递的结构中，话语权本身就在高度一致的条件下展开，所以此时的权力强度配置虽然表现为按照中央权力的单方意志在推行，但是次国家单位的合法性认同和全国政治共同体对权力的合法性认同在实质规范标准上是同一的，这样推行的权力强度配置会推进整个国家社会共同体之间的融合和认同，合法化的规范阐释并不只是政权的自我论证，也是全社会的真实表达。反过来说，另一种可能就是推进一种名实背反的"规范"合法化论证，次国家单位在形式上被统一中央政权论证为符合同一权力强度配置需求的权力对象，但事实上则并非如此——从整个国家的角度来说，这种脱离社会共同体实质认同话语的权力配置正是"名义性宪法"甚至"语义性宪法"这些无法在现实中使权力规范得到社会实现的宪法以及"伪宪政体制"的重要原因；从局部的角度来说，今天长期存在于伊拉克、伊朗和土耳其等国家内部的库尔德民族问题①

---

①　库尔德人是西亚地区人口数量仅次于阿拉伯人、土耳其人和波斯人的第四大民族，现主要分布在这三个国家，在叙利亚东北部和前苏联阿塞拜疆和亚美尼亚境内也有部分分布。"一战"后根据《色佛尔条约》曾在聚居区域短暂地建立起自治区及自治政权，但在土耳其凯末尔民族独立革命之后，土耳其等民族独立国家不再承认《色佛尔条约》，而重新签订《洛桑条约》取消了库尔德人的自治地位。（参见田宗会：《伊拉克库尔德人问题的新变化及前景》，载《世界民族》2010年第4期，第27页；李有义：《世界民族问题初探》，中国社会科学出版社1981年版，第192页。）在今天的土耳其宪法体制下，（接下页注释）

则正是这种背反的规范话语论证的结果——当然，究其根本，后一种并不是一种真实有效的合法化论证，但却真实地存在于形式上采取法理型政权实施的权力强度配置和社会支配实践之中。

———————

（接上页注释）库尔德人的独立民族地位是不被承认的，土耳其共和国对库尔德人聚居区的控制是建立以取消库尔德斯坦自治邦为前提的，并对这一地区推行语言和文化的强制同化政策。而库尔德人对这种同化政策一直并不认同，他们的民族活动自上世纪 90 年代走向政治化后，大部分时间内都被土耳其政府作为恐怖主义活动进行打压，由此库尔德民族问题成为土耳其国内重要的政治不安定因素之一。（参见李玉东：《土耳其能否推出"库尔德新政"》，《光明日报》2009 年 8 月 31 日第 8 版；余建华：《民族主义：历史遗产与时代风云的交汇》，学林出版社 1999 年版，第 375-376 页。）而在伊拉克境内的库尔德人曾经成为萨达姆种族灭绝政策的实施对象——故此在美伊战争中以及之后的伊拉克重建中，库尔德人成为美国在该地区所扶植的自治势力之一。（参见敏敬：《伊拉克库尔德自治的最新发展与影响》，载《国际论坛》2011 年 1 月第 1 期，第 75-76 页。）至于伊朗，它在波斯帝国时期就是一个多民族的国家，库尔德人曾是其主要的雇佣兵来源之一，曾经在这个国家内库尔德人获得了较为独立的政治地位，但是它的独立地位是因为自早期农业国家发展而来的伊朗，"没有人或者几乎没有人对促进整个社会层次上的文化同类性感兴趣……在这些情况下，各种文化既没有动力又没有机会去追求那种单色调的同一性……"（［英］厄内斯特·盖尔纳：《民族与民族主义》，韩红 译，中央编译出版社 2002 年版，第 14、18 页。）在这种缺乏融合的背景下，近年来伊朗推行的"大波斯主义"政策下，库尔德民族问题也同样成为威胁其国内政权稳定的一个重要因素。（参见刘洋：《大国夹缝中的库尔德人》，载《党政论坛（干部文摘）》2011 年第 1 期，第 27 页；李鹏涛：《伊朗现代化进程中的民族关系——伊朗民族矛盾的产生与演变》，载《世界民族》2009 年第 1 期，第 85-86 页。）虽然库尔德人所处的国家基本也是伊斯兰国家，但是宗教认同并没有弥补民族认同，一方面，伊斯兰世界本身呈现"碎片化的格局"；另一方面，"归宗于伊斯兰世界的库尔德人并未在统一的伊斯兰世界里获得自己的应许之地"。（参见尹忠海：《认同问题与飘在伊斯兰世界的那些碎片——库尔德难题初探》，载《江西财经大学学报》2006 年第 4 期，第 60-61 页。）可以说，库尔德人的问题集中地体现了次国家单位不被真实地承认时，国家强行推行形式上统一的权力强度实施社会控制和支配，会引发权力控制和社会认同的脱节、背反以及严重冲突。

由是观之，话语权在"规范"论证中是权力强度配置能够获得社会认同的关键要素，但强行推进也可能使"规范"论证基础上建立起的法理型权力成为无法实现的控制力量，反而使国家只能在实际控制层面采用非法制规范设置的暴力性手段或其他强制性力量进行社会控制，走向与立宪国家法治、民主等理念背反的方向。

所以，使"规范"论证基础上构建的权力结构在次国家单位中能够获得实现，权力强度的配置能够使单一制国家确立起有效统治和治理，话语权只是形式上的关键，而确立真实的话语权威，或者说如何使话语权获得合法性认同才是实质意义上的关键。

如果认为对特定次国家单位配置的权力强度是"规范"论证基础上配置的结果，那么通过话语权实现"规范"权力的合法化论证，就必须有赖于话语权背后具备对话的可能。这种条件，从单一制国家整合多元政治实体就已经开始在不断形成和发展，首先表现为不同层次的共同体得以形成，对话或者话语权的主体及其有效表达共同体意志的能力是国家得以形成的基础，在它们的主体意志表达基础上，形成国家统一政权以及政权纵向配置的基本格局——正如上文已经分析指出的，文化上的共识是国家政权形成以及分解、配置的基本规定，在法理型政权中，这种基本规定就是具有独立权威的规范。再由规范衍生权力规范，是在观念上赋予了规范一种权力，才能使之成为权力配置过程中的权威依据。在这种意义上产生的"规范权力"实际上仍然是依赖于文化共识存在，然而在文化共识的基础上继续推进时，就有待于动态状态下不断推进共识的形成和发展，即话语权此时能够在多大程度上促进共识就决定了它在多大程度上能够使国家根据规范配置的权力获得真实的认同。

如果从共识的角度来认识话语权，尤其是为权力对象所认同的话语权，那么就意味着要求在承认差异性的前提下，创造一个能够形成妥协和均势的话语形成环境，① 或者对话程序，由此所树立的话语权威才能够使被发现和解释的"规范"突破掌权者的意志，尤其是突破中央政权的单方意志，在容纳次国家单位合法化认同的话语权威基础上找到真实有效地"规范"，并进一步构建"规范"语境下的权力强度配置结构。

在这样的条件下，实际上要关注的是两个方面：一方面，如果能够保证话语权中不存在中央政权所代表的单一的意识形态②强制，可以承认有限的真实共识和独立理性规范是可以存在的。在这种情况下，权力强度配置的合法化过程实际上就和"规范"论证中话语权的运行过程合一，合法化的依据集中为根据有限共识和理性而形成的话语权威。另一方面，意识形态完全一致并不存在，恰如单一制国家各次国家单位的整齐划一并不真实一样。在这种条件下，除开有限一致基础上产生的有限共识和理性，就必须要承认意识形态可能会被用做推行话语霸权的媒介，毕竟，国家权力在支配结构中要建立的是一种排他性的控制，也就是说，它在通过"规范"对次国家单位施以强度配置时，必然会发生排除理性选择可能的义务，这部分规范在通过权力要求社会共同体采取服从行为的时候，"不是试图在权重上超

---

① 哈贝马斯的交往理论中对于通过交往、对话实现合法化的过程曾经提出过实现的条件，他提出：在统一意识形态的条件下，合法性是解释形成的，那么如果排除意识形态强制或者意识形态虚假统一的情形，要能够在权力的实践中实现真实有效的对话和意志表达，那么就可以找到真实的规范，即"如果实践话语能够产生，那么，它们就会找到这种共识"。现实的情况中虽然统一意识形态的情况并不完全存在，"但是，有这样一种情况，规范权力能够间接得到证明，这种情况就是妥协（Kompromiss）"。参见 ［德］尤尔根·哈贝马斯：《合法化危机》，刘北成、曹卫东 译，上海人民出版社2000年版，第148页。
② 此处用"意识形态"概指政治文化中的合法性观念和话语表述，参见本章第一节"三、欧洲：争霸战争和民族国家的形成"下"（二）两次大战和冷战的终结"处注解。

过它们，而是试图从各种考虑中排除它们。"① ——在分析支配结构的时候，韦伯就曾经提出，"支配乃是权力的一个特殊个案"，也就是说，不单权力并不能等同于现实的支配结构得到确立，而且支配也可能存在其他动机，根据利害关系而有意为之的选择也是支配得以形成的另一种重要的原因②——但是，在统一国家权力业已成立的条件下，权力本身成为利害关系能否得到实现的决定性力量，所以在讨论社会共同体接受中央政权为合法支配力量的时候，只有讨论社会共同体赋予义务的规范权力才是有意义的。此时，必然会涉及单一制国家中央政权会利用特定的意识形态主导话语权威的整个形成和运作过程，从而排除部分差异化的认同话语——所以，哈贝马斯在分析波恩基本法的时候，曾经就提出，作为妥协和均势之保障的分权原则和作为国家合法性标识之民主原则在政治国家的眼中，从来就不是两个同等重要的原则，后者才是统一政治国家在权力配置时要着力满足的形式要件，而前者固然重要，"但只要用话语来检验是否涉及双方的特殊利益的可能性被彻底排斥，那么，这种妥协的可证明性就是依然可疑的"。③

在第二部分的权力强度配置中，一般来说是由中央政权单方主导的，但是不同于简单的粗暴强制。在统一和多元并存的结构下，统一国家一般会提出一种普遍性和特殊性的区分，在这种区分之下，它重构了社会共同体对利益需求的认知结构以及组织方式，将它们以次国家单位的身份在主导的意识形态下"被指向'解构'的不同立场所分立"，然后由独立政治实体的主体存在"特定范围（程度）内整合普遍性"的基础上，转化为"在决策/选择行为的过程中出现"的

---

① ［加］莱斯利·格林：《法律，合法性与同意》，陈锐 编译：《作为实践理性的法律——约瑟夫·拉瑟的法哲学思想》，清华大学出版社 2011 年版，第 58 页。

② 参见［德］马克斯·韦伯：《韦伯作品集（Ⅲ）：支配社会学》，康乐、简惠美 译，广西师范大学出版社 2004 年版，第 3-4 页。

③ ［德］尤尔根·哈贝马斯：《合法化危机》，刘北成、曹卫东 译，上海人民出版社 2000 年，第 149 页。

"缺席的主体"，这时，由于第一部分的有限共识不再存在，所以此时的对话"并不基于任何预先给定的实际秩序"，而次国家单位在政治权力强度配置的这一部分不再是一个实体中介，只留存了主体性的形式，而在"特殊与普遍之间的结构短路"成为"完成霸权运作的中介"。①

在第二部分的权力强度配置中，往往出现的是中央政权人为的结构，试图用"空洞的能指与特殊内容……间的裂缝"② 创造出无法达成共识的那一部分本来并不存在的社会空间，使政治权力在这一部分得到解决"社会的不可能性"，弥补"普通能指系列与空洞的主能指之间的裂缝（gap）"，从而创造出一个适于单一制国家统一政权进入各层次社会共同体的"政治的空间",③ 此时意识形态霸权所营造出的话语权威则会控制统一规范权力在具体次国家单位内的人为构建，可能会表现出更强的控制或人为的解构，这种差异化配置，和第一部分的差异化不同，是指向同一化的，也是单一制国家在统一的价值导向下必然实施的控制。

应当承认，"规范"论证所指向的法理型政权及其下展开的权力构建方式之所以被当代立宪国家所普遍采取和重视，是因为它在一定意义上容纳了次国家单位的差异性需求，并提供给它在正式权力制度配置空间内的表达途径。但是，复杂的社会中，完全的同一是不现实的。所以，"在复杂的社会里，假妥协是一个重要的合法性形式"。④

对于某些特殊领域而言，确实存在某些普遍利益，然而整个领域一旦被排除在话语意志的形成过程之外不被承认或者讨论，就意味着

---

① ［斯洛文尼亚］齐泽克：《敏感的主体——政治本体论的缺席中心》，应奇 等译，江苏人民出版社 2005 年版，第 209 页。

② 参见［斯洛文尼亚］齐泽克：《敏感的主体——政治本体论的缺席中心》，应奇 等译，江苏人民出版社 2005 年版，第 207-209 页。

③ ［斯洛文尼亚］齐泽克：《敏感的主体——政治本体论的缺席中心》，应奇 等译，江苏人民出版社 2005 年版，第 202-203 页。

④ ［德］尤尔根·哈贝马斯：《合法化危机》，刘北成、曹卫东 译，上海人民出版社 2000 年，第 150 页。

这些领域的利益被一方所垄断而不存在分权和妥协，此时所存在的妥协根本上是统一的中央政权暂时让与的并随时可以收回的，而不是基于各方主体的共识被共同讨论的，其中所形成的妥协或分权规则背后始终存在中央政权作为统一力量独断权力的优势，这种优势则往往隐藏在"规范"得到论证的解释过程中。

四、"权力"论证中的行政权威

上文已经说到，要使一个作为外来力量的政权获得社会共同体的认同，就需要在现实的层面上证明这个统一的单一制国家权力能够使社会共同体通过"次国家单位"这种主体身份及其在单一制权力结构中的地位，在功能性需求方面获得更大化的效益满足；而这种通过实际效益来论证合法性的方式，由于国家作为功能性组织的本质性规定，普遍地存在于各种国家政权合法性的论证中。

从国家的最基本功能来看，政权为社会共同体提供"秩序化"的保障，根本上还是要满足社会生产和生活的基本要求。换句话说，表面上政权会建立一套社会的行为规则体系，并用国家强制力保证它的实施，从而使社会共同体在一种稳定的环境中生存、发展；但实质上这种秩序化的功能只是手段，根据秩序化而得到满足的物质生产方式的发展和共同体生活利益的实现才是秩序化的目的。

为了使秩序化达到功能性目的，传统的国家权力提供过两种配置方式：一种以传统中国的宗法国家为代表，国家权力对社会生产和生活过程确立起全面控制，其权力强度的文本层面可谓至深至广，如为了保证农时，而制定"务限法"，唯以现实生产生活绩效为准；另一种，以自由资本主义时期兴起时的"守夜人"国家观为代表，虽然要求国家权力为工商业发展创造条件，但"小国家"最好能够旨在提供环境保护，可以用英国人的这个理想来总结：除了去邮局寄信，或看到警察巡逻，几乎感觉不到国家的存在——权力强度只保留在最低限的范围内，并不主动地调整社会行为，更不会深入生产生活过程。

然而,垄断资本主义时代之后,社会大生产的扩展不断要求国家负起主动责任,福利国家的兴起即是显例——"随着国家在经济事务包括再分配中的作用不断增加,政权的合法性从长远看来受到其经济效率的影响。胡安·林茨甚至问道:'在多大程度上人们能够把政治系统的合法性与社会经济系统分开?'李普塞特在讨论合法性和效率之间的动力学时将绩效界定为政府的实际表现或者'系统满足政府的基本功能的程度'。在面对绩效危机时,例如经济萧条,政体的稳定性在很大程度上取决于它所拥有的合法性。埃克斯坦同样强调合法性筑成了良好信誉的储备库,官方可以在困难时期加以利用,这使得人们更愿意宽容其在绩效上的不足。"①

在这种合法性标准不断强化的趋势下,"合法性的张力以及信任的缺失部分地来源于治理或者控制一个社会的难度。有两种相反的不可治理性的类型:要么是像发达民主的福利国家那样做的太多,最终被来自一个复杂社会的要求弄得不堪重负;要么就是做得不够,因为国家在经济上过于薄弱,没有资源来满足改善社会的需求⋯⋯"②

由此,用事实"权力"论证业已存在的权力强度是正当的,就意味着要现实地创造绩效,此时,"多数派对政府的临时不认同并不意味着政府合法性的不足,但是长期的经济失败可能侵蚀一个政体的合法性或至少是某些政府部门的权威。⋯⋯经济绩效随着时间流逝可以摧毁一个政权的合法性。长期绩效赋予一个政体逐渐建立起合法性的机会"。③

那么,问题就现实地转化为:推进现实的"权力"论证,靠什么来完成绩效的创造?

在控制社会的各种权力中,最直接控制资源的权力是行政权。也

① [法]马太·杜甘:《国家的比较——为什么比较,如何比较,拿什么比较》,文强 译,社会科学文献出版社2010年版,第150-151页。
② [法]马太·杜甘:《国家的比较——为什么比较,如何比较,拿什么比较》,文强 译,社会科学文献出版社2010年版,第151页。
③ [法]马太·杜甘:《国家的比较——为什么比较,如何比较,拿什么比较》,文强 译,社会科学文献出版社2010年版,第151页。

就是说，行政权威的确立，是制约"权力"论证路径推进的关键。

"我们对'支配'的首要关心之处乃在其与'行政'（Verwaltung）①的结合。所有的支配皆通过行政来展现与运作。反之，任何行政也都需要支配，因为在行政里，永远有必要将某种命令权力置于某人手中。"②

从当代国家三权分立结构中经典的权力分类来看，行政权被设定为执行法律、维护公共利益的权力，属于国王或政府。"社会行动转变成理性组织后，如果需要财物或劳务以供运作，则得以有一个确定的满足需求的秩序。"③ 可以说，除了完成基本的功能需求，直接支配资源的行政权也是国家作为秩序化生活组织自我维持便会随即产生的。所以，行政权既是最古老的权力，也是国家最原始的义务；虽然行政、行政权的定义尚未统一，但和国家产生相联系，它必然是和公共事务最直接联系的一项权力。确切来讲，公共行政权力是国家对社会公共利益负有责任的最直接方式。

从这种结构功能上来看行政权力对国家权力体系的整个支撑作用，可以发现，在统一调配资源、创造国家绩效的过程中，它是国家从现实需求层面获取次国家单位认同的最直接手段。这种手段在过去也许只通过隐形的环境发挥效果，但是它在环境中仍然还是存在这样一种观念的——而且，这种观念基础在当代国家中越来越凸显出来，那就是统一单一制国家在控制统一的政治共同体、协同各个次国家单位实现秩序化需求和发展需求的时候，其身份地位，类似于一种提供基本公共福利产品和规则环境服务的"联合企业"，而权力，既是国

① 在其他的版本中，"Verwaltung"这个词有时候翻译为"家计"或"管理"，在说明支配结构的语境下，"Verwaltung"指的是公法上的"统治"和"政治管理"。参见［德］马克斯·韦伯：《韦伯作品集(III)：支配社会学》，康乐、简惠美 译，广西师范大学出版社2004年版，第11页注脚说明。

② ［德］马克斯·韦伯：《韦伯作品集（III）：支配社会学》，康乐、简惠美 译，广西师范大学出版社2004年版，第11-12页。

③ ［德］马克斯·韦伯：《韦伯作品集（II）：经济与历史 支配的类型》，康乐、简惠美 译，广西师范大学出版社2004年版，第41页。

家利用统一法律规范体系内配置资源的手段，也是规范配置的对象。也就是说，在单一制国家回应次国家单位需求的过程中，权力是一种"元资源"。

在这种纯功利主义的视角下，将统一国家看做是多元的次国家单位整合实现利益需求的更高级组织的话，就必须得要承认"国家并不是唯一的一种联合企业"，或者说，统一国家政权对次国家单位来说，并不是唯一的服务提供者。"而且，在我们看来，它作为这样企业的一种，也不具有内在的至上性。国家之所以享有那些最高权威，有两个原因：第一，它们所提供服务的基本性质使然，特别是，它们提供了物质和经济安全所需的诸项条件；第二，出于供给上述服务的需要，国家垄断了强制力的使用（或者威胁使用）。然而，在今天，很明显（也许在 50 或 100 年前，还不是这么明显），这种最高权威正在经受来自各个方面的挑战。国际和区域性经济组织……拥有了日益增长的权力和日益扩大的职能范围；私人金融从业者，通过个别或集体性地创设全球范围内的信息和财富的同步传输媒介，也握有权力……虽然把国家作为诸多社会企业中的一种这一观念具有很大的纠错价值，使人们不再认为国家拥有运用权力的绝对正当性……但是，对我们来说，它的特别重要之处却在于对两个事实的强调：第一，国家和所有其他企业一样，为了完成自身的任务，它需要各种资源"——在第一章澄清概念时就已经提到，权力，始终被作为一种资源或者力量被理解：在制度角度，它是规范或规则分配的客体；在国家的角度，它是行动展开的基础和媒介。因此，权力事实上是最重要的资源，是支配资源的资源，是使资源能够资源化的资源——"第二，如果没有稳定的规则来确定如何获取、分配、使用这些资源，国家就不可能取得许多成就或长远发展。……国家权力来自于它所占有的运用权力的方式、财富以及信息和说服手段……这些资源独立于任何特定的法律系统。"①

---

① 参见［英］特伦斯·丹提斯，阿兰·佩兹：《宪制中的行政机关——结构、自治和内部控制》，刘刚、江菁、轲翀 译，高等教育出版社 2006 年版，第 22 页。

可以说，最终所有的权力合法性在政治国家面临社会现实绩效考问的时候，都转为在经济发展过程中对次国家单位发展的调控作用，以及它更优于原政治实体的对公共生活需求进行负担的现实。甚至在极端的情况下，相对于其他合法性的论证路径而言，这种"反证"甚至可能在现实中成为唯一的标准而不必只在理论的假设语境中存在：两次世界大战后，苏联通过高度集权体制急速恢复生产的模式对欧美国家干预主义产生的深远影响就是例证，这里过去所有对国家权力的恐惧在这种现实反证的冲击之下荡然无存——而在这个过程中，显然国家要能够证明自我能力，行政权力和行政系统的发达就成为关键，此时为了行政的需要而通过权力强度配置而建立起来的社会支配方式被社会共同体照单全收，正是催生当代行政权力扩张和行政权威日益重要的主要诱因。

第三部分

❧ 中国单一制向何处去？ ❧

历史构建了单一制国家，单一制例外和统一政治国家达到结构均衡的原理，指向的现实问题是：单一制例外到底会成为历史的"陈迹"，单一制的发展会越来越实现"同一化"？还是单一制例外所代表的的次国家单位会不断"涌现"？

这个问题的复杂性，诚如上面在分析各类单一制国家和不同次国家单位之间，实现统一整合的历史过程所揭示的那样：受到不同法文化规则支配的社会共同体，在型塑单一制国家的过程中所遵循的根本规则是不同的，由此建制化的纵向权力体制实际也建立在不同的基础规范之上。那么要回答单一制作为一种国家纵向权力结构的类型，会如何发展，这个命题其实太过宏大：它包含了不同单一制国家、不同单一制例外及在它们互动过程中产生的，形式上统一为单一制、实质上各不相同的纵向权力构建规则等多个变量，难以简单地为其"预言"。

不过，从"历史重复"这样一个社会科学的基础设论出发，从合法性论证的路径选择，以及这种路径在权力配置的制度化表达方式上，我们还是可以看到，历史型塑和制度构建之间，是能够找到不同单一制例外与单一制国家共同整合于统一均衡权力结构的相对确定的轨迹的。如果从这个角度来看，加上如果我们只把单一制例外的发展问题放在当代中国这个语境下来看，变量就会大为缩减了。从统一的民族国家到统一的政治国家，中国具有异质性以及具有"异质化"发展趋势的次国家单位类型，是相对确定的。由此，我们可以尝试通过单一制例外的分析，来回答这个问题：当代中国的单一制会向何处去？

第六章　当代中国单一制例外现状概述

一、中国单一制特色：多元例外

其实中国单一制，从构建主体和构建历史的角度看，从来就是包容多元性的一种结构，以不同的标准来看，就存在不同的单一制例外。所以，可以这么说，历史业已为单一制例外所代表的单一制的多元化发展趋势，在中国搭建了良好的平台。

从塑造中国单一制的法文化传统来看，古代的"大一统"政制结构中就是对多元的统合：《礼记·王制》认为，对不同人群的统治应当"修其教，不易其俗；齐其政，不易其宜"，即使不能将包容多元看做是历史上理想的国家形态，但至少也可认为是一种古已有之的政治智慧，成为国家权力的构建原则。进入近代中国，中华民族这个统一主体是梁启超针对近代民族国家话语而"提炼"出的理念主体，中华民国构建主体的内在成分则是"五族共和"；并且，独立于民族多元之外的地方多元性进而"塑造"了近代民国地方割据的事实和各省"自治"的动向。当代统一的中国，整体权力结构形式遵循单一制的理论设计构建而成，现行《宪法》第3条规定："中央和地方的国家机构职权的划分，遵循在中央的统一领导下，充分发挥地方的主动性、积极性的原则。"依据这条规定，中国的单一制中，中央是单一制国家中独占主权性的单位，它的统一政治权威是纵向权力配置体系得以产生和运行的根本依据，这是单一制理论预设的经典表达；然而它的根本特色仍是多元，存在于权力结构的内在组成中，在对地方发展自主性和积极性的兼顾层面体现出来：中央"统一领导"主要通过抽象的政治领导和统一政策规划实现，为次国家单位提供多元发展空间，则是权力体系的现实运行状态。可以说，单一制之内，为现实多元发展需求准备了自主的空间，为未来多元发展需求提供了开放的结构，这些多元的次国家单位，在不同的制度标准视野下观察，可能有不同的次国家单位被界定为单一制例外。由此，我们可以就这种结构特色来说，单一制例外并不只是当代中国单一制承接历史传统的"遗留"，也不是构建主义对现实条件的"暂时妥协"，毋宁说多元的次国家单位作为我国单一制构建的条件，在基础处就埋下了其未来的发展走向。

需要特别说明的是：我们认为单一制例外将是单一制制度未来发展的一个重要方向，这一点并不是说"例外"会成为特定权力配置制度下的"常态"，这并不符合制度和规范效力的普遍性原理，甚至都不符合"例外"这个名词的逻辑。在很多情况下，是否属于单一制例外，取决于标准。譬如以基本经济制度为标准，深圳、海南等经济特区是单一制例外，而内蒙古、湖北等则是一般适用制度标准的次国家单位；而如果以文化制度和民族制度为标准，则湖北、广东、海南都是普通的制度适用对象，而内蒙古、新疆等少数民族自治区为单一制例外。

此外，多元例外发展这个特色，既表现在同一时期我国单一制体制内多种例外单位并存这个横向维度，纵向维度中，不同时期不同例外单位的形态更替也是多元发展的另一种体现。

以同一时期多元例外并存这个角度来看，我国承接历史上多元民族文化、政治传统以及发展条件等多方面、多层次的多元社会形态，构建起统一民族认同，并以此构建统一的政治国家。因此，在我国构建权力结构体系的过程中，同一时期需要对次国家单位的多样化需求提供兼容的结构。如目前，我国的单一制例外就主要包括民族自治区和行政特区。

而从历史发展的纵向维度观察，权力配置体系是国家与社会互动产生的规范化构建结果，社会发展出现了不同的需求，会影响国家配置权力的相应决策。以经济特区为例：我国幅员辽阔，各地域之间经济和社会发展条件不平衡，历史长期积累下来，呈现出多元的发展条件；为了适应这种多元性，改革开放之初，在计划经济向有限市场经济转轨的特定历史时期，我国沿海地区，以其优越的地理条件和较少的历史发展负担，被选择为较早实施市场经济制度的次国家单位，享有"例外"适用宪法基本经济制度规定的地位。但是随着我国经济制度改革在全国范围内开展，以及经济制度、政治体制相应改革的深化，它"例外"地位的色彩逐渐弱化，最终以取消"特区通行证"为标志，"特区不特"这个反复被郎咸平教授等经济学家提出的"问题"已经成为事实，换句话说，经济特区是历史中存在过的例外单位。从过去转向未来，我国就未来台湾地区的法律地位安排这个问题上，作出了"高度自治"的政治承诺，它是可预见的将来我国宪法权力结构中的新型例外单位。

不过，需要强调的是，多元例外这种特色是我国单一制实践的具体方式，而不是对我国单一制的否定。也就是说，无论是在同一时期不同例外单位多元并存，还是不同时期例外单位形态的多元发展，它们仍然是遵循着单一制的基本规定在统一政权体系内活动的次国家单位。国家实施多元发展，对不同次国家单位实施不同权力强度配置，以至于我国纵向配置体系内部呈现差异化的格局，根本目的不是要强化差异，而是针对差异所作出的具体安排。差异化是具体社会共同体和国家构成权力关系后不同互动效应的结果，国家依此为基础构建权力强度配置制度，根本目的是推进多元次国家单位整合，强化它们对统一主权权威的认同，这也是多元例外发展的所应当遵循的基本规定：多元例外在差异化的结构中指向整合，最终在权力实现效果的层面，服从于统一的发展；在动态发展的轨道中，认同和执行中央统一领导，并且分别获取适宜本单位发展的权力资源，通过国家辅助发展、区域单位间互助发展和协调发展等方式，在全国范围内追求发展水平和发展能力的均衡，引导不同次国家单位的社会共同体在共同发展现实基础上，以统一国家权力结构体系为背景，在不同层次、不同范围结成利益共生体，深化彼此之间的依赖和共识，最终巩固统一国家的主权统一、促进共同发展。

二、单一制例外的新发展

除了现行宪法制度和为台湾统一而作的政治规划，可以预见未来这是新的单一制例外之外，我国其他次国家单位出现向单一制例外发展的趋势，主要受到近年来区域化政策的推动，包括"西部大开发"、"中部崛起"和主体功能区等区域整合政策。虽然在规划的形式上，它们是中央主导发起的，"构建"色彩浓厚；但是只要透过决策形式，从政策的内容来分析，就会发现：首先，无论是中部、西部的划分，还是根据各区域"资源环境承载能力、现有开发强度和发展潜力"而规划"推进形成"的主体功能区，① 这些区域规划所涉及的次国家单位划分，都以它们既已确定的"先天"条件为基础，或是将历史中形成相近社会、经济、文化发展条件的单位进行组合，如将古楚文化所覆盖的湖北、湖南共同作为"中部崛起"的省份，"西部大开放"中则主要是历史上少数民族集聚居的地区；或是根据客观的资源条件，如主体功能区对各区域协调发展的格局安排。总而言之，"构建"的背后，是对自发形成的社会共同体格局进行协调、整合，而不是人为的分割或重组。

其次，即使不考虑区域间自主推进的跨区域发展协调行动，由中央发起的区域整合行为，虽然没有直接采取修改宪法这种方式，但是实际上深刻地影响了宪制结构的现实运行方式。传统的权力配置，是以行政区划单位为对象的，此时中央政权和各社会共同体建立起互动的权力关系主要通过中央政权和地方政权之间的关系得到体现，中央也一般通过对不同地方权力组织实施相应强度配置追求所期待的权力效果。但是，在整合区域的条件下，政策所追求的权力效果，需要多个行政区划组织化行动之后形成的互动行为才能达到，在这个过程

---

① 参见《全国主体功能区规划——构建高效、协调、可持续的国土空间开发格局》，下文简称"主体功能区规划"，http://www.gov.cn/zwgk/2011-06/08/content_1879180.htm(中央政府网)。

中，国家配置权力的真正对象应当是整合后的区域，而不是单个行政区划下的社会共同体。

在这种条件下，再来看目前中央所规划的一系列跨区域发展的协调、整合政策，虽然它没有直接采取修改宪法规范的方式，也即可能在形式上并不同于第一章对单一制例外进行概念界定时所提出的："单一制例外是用来概括单一制国家中，在适用宪法上关于结构形式规定时，享有例外待遇的特殊单位。例外于宪法的规定而享有特殊的权力地位，意味着这些单位制度地位的产生依据应当是宪法或宪法性法律。"这个形式要件，背后隐含了特定次国家单位的发展已经固定化这个事实——法律，尤其是宪法，在追求稳定性价值的条件下，无法时时迁就现实的变化而不断变革，因此只有当特定发展现实已经定性并且确定会持久存在，才有可能为宪法所承认，但这并不否定现实社会发展会产生推动宪法规范发生可能变革的现象，这正是宪法变迁的重要动力，而这种推动力，完全有可能由其他层次的规范先予以整合，保证当下宪制结构的稳定性，政策的整合正是方式之一。同时，需要注意的是，政策在我国具有特殊的规范地位，尤其是倡导中央引导和推进区域间发展协调的政策，基本是由我党所首倡的政策规划，如"十五大"提出"西部大开发"，"十六大"提出"中部崛起"，"主体功能区规划"也是"十七大"的重要决策，进而成为国家"十二五规划"的重要内容。

我国的政治权力结构中，根据单一制理论构建的一元权威核心分别体现在两个层面：第一，中央政权独占的主权性权威是整个政权组织得以产生和运行的依据，这可以看做是立宪主义国家根据制宪权普遍确立下来的宪法和法律上的一元权威；第二，以我党为政治国家构建的领导核心，由此确立的政治权威的一元核心是法律上一元权威的基础与保障。党在政治权威体系中一元核心地位的确立，是中华民族在构建单一制国家的历史过程中作出的选择，即当代中国人民行使制宪权的结果。制宪权本质上是一个政治性的决定，它的本质是"政治决断"，施密特用这个概念将当代民主国家构建主体的政治自觉和

156

作为构建对象的立宪国家贯通起来，人民①通过行使制宪权"确定了自身存在的类型和规范"。② 我国选择在多元性的社会基础上构建统一民族国家，并且选择了单一制这种国家结构形式，正是在制宪权中确定下来的。在我国《宪法》序言中可以看到，当代中国制宪权是"中国共产党领导中国各族人民"在革命斗争的胜利基础上行使的；在这个基础上，我国人民作为主权者具体构建了当代中国作为民主国家的主权及其具体实现形态，即国家权力体系。也就是说，党通过制定政策对国家实施政治领导，是符合制宪权历史所规定的中国人民行使主权的具体路径的。在这个意义上，党的政策，是主权者政治意志的集中表达，它在转化成法律规范形式之前，依据政治权威，已经具有了对国家根本政治权力结构变迁的现实推动力。

所以，虽然根据政策推动的跨行政区划协调发展，所形成的"区域"并没有在宪法上获得和民族自治区、行政特区相同的法律地位，一方面，因为它们的具体形态还处在发展变化过程中；另一方面，在我国政治权力配置体系的特定语境下，相关区域业已获得政策

---

① 施密特原文为"民族是制宪权的主体"，不过他也提到，此时"民族"和"人民"一般可以作为同义概念，只是就他看来，"民族"作为具有政治行动能力的统一体，比"人民"能更为精确的和文化、种族上的联合人群区别开。参见［德］卡尔·施密特：《宪法学说》，刘锋 译，上海人民出版社2005年版，第88页。不过，从当代立宪主义国家的构建实践看来，"民族"在当代更容易引起民族国家和政治国家的混淆，用民族来表示主体，恐怕有过于狭窄之嫌，很难概括所有的国家现象：一方面，除了民族国家这种存在之外，还有伊斯兰世界的宗教国家；另一方面，即使在当代意义上的民族国家内部多元共同体作为次国家单位也是普遍存在的，中国就是一个例证：在中华民族这个统一民族主体内部，我国还是一个多民族的国家，宪法在国家政治统一体的形态判断中，承认了少数民族独立的主体地位；梁漱溟先生就曾指出，与其说我国是一个民族主义的国家，毋宁说我国是一个"文化主义"的国家，一国之内，除了民族的多样性，还有文化多样性，国家统一形态构建中，同时隐含着多重主体。参见梁漱溟：《中国文化要义》，三联书店1987年版，第176-179页。

② ［德］卡尔·施密特：《宪法学说》，刘锋 译，上海人民出版社2005年版，第85页。

对它们地位的认可，与正式宪法规范承认在实际效力上虽然并不能等同，但是在动态发展的意义上，可以被看做是单一制例外新发展形态的一种"萌芽"，对我国权力强度配置的结构、规则等都会产生深远的影响。

再次，借助于区域整合，正可以在此廓清一个误解：单一制例外是否意味着国家统一权力配置在特定领域的弱化？

从大部分单一制例外实例的分析中，可以看到各种特殊的"例外"待遇，主要是通过自治表现出来，因此，可能会产生这样一种误解，单一制例外的特殊地位是和自治挂钩的。

但事实并非如此。这一点在主体功能区的规划中就非常突出：不是所有的区域协调都是以中央权力配置的弱化为途径的，也可能出现强化配置的情况。以主体功能区当中"限制开发区域"和"禁止开发区域"为例：国家为了保护农业生产、生态环境和相关地区的可持续发展能力，将部分区域划定为限制或禁止进行"大规模高强度的工业化城镇化开发"的区域，对地方的开发权力实行更严格的"管制"规定，要求符合国家统一的科学发展规划，直接强化了国家统一行政权以及相关立法权力配置。

无论是强化配置，还是弱化配置，原理都是通过对特殊次国家单位实施特殊待遇，具体情况具体对待，目的是为了引导、协调和整合次国家单位相对独立的发展行为，在权力互动的关系结构中，指向国家统一规划的权力秩序，实现共同的发展。这正是"主体功能区规划"里所提到的："推进形成主体功能区，就是要根据不同区域的资源环境承载能力、现有开发强度和发展潜力，统筹谋划人口分布、经济布局、国土利用和城镇化格局……完善开发政策，控制开发强度，规范开发秩序，逐步形成人口、经济、资源环境相协调的国土空间开发格局。"[①]

总而言之，无论是强化还是弱化统一权力的配置，区域的整合背

---

① 《全国主体功能区规划——构建高效、协调、可持续的国土空间开发格局》，http://www.gov.cn/zwgk/2011-06/08/content_1879180.htm（中央政府网）。

后是中央权力强度配置的调节，根本还是指向统一发展。只是国家权力在配置对象上，区域这个概念的形成，是国家在规范视野上重新调整了次国家单位这个对象所对应的层次和范围。这种调整依据于社会作为权力对象，以自身的发展对国家权力配置作出的互动反馈，包括既定次国家单位历史形成的地域和人口基础，也包括社会共同体在新时代条件下，通过发展自发融合而产生相应变化——在巩固基本权威认同的前提下，国家实行权力强度配置的调节，源自和权力对象之间的互动关系。调节的机制，则是依据发展过程中不断产生的个体化需求，根据需求反馈的信息机制，国家追求权力实现效果的过程中，选择在特定领域弱化或强化统一的权力控制。正因如此，中国在单一制的制度构建中，先后出现过民族自治区的文化自治、行政特区的"高度自治"等非单一化的权力强度差异化配置现象；当今跨区域发展中的种种协调和整合政策措施，也是权力强度配置结构差异化的实践表现，背后是国家和社会之间互动机制在时代变迁的语境下，不断探索权力强度适度配置的制度变迁。可以说，单一制例外在我国的多元化发展，不但是我国单一制构建的基础特色，也内在地规定了我国单一制在动态实现过程中的发展趋势：以多元整合追求统一发展，这是我国单一制国家多元例外现状对国家构建提出的现实需求——用它来回答福山的命题：我们需要一个怎样的国家？我们需要一个通过单一制权力体系，协调多元社会发展脚步、统一促进整体发展的国家，而绝非需要单一化或同一化的国家。

第七章　社会善治和单一制例外发展趋势

全面理解所谓单一制例外将作为当代中国单一制的发展趋向这个理论设想，就需要解读当代中国通过单一制权力结构体制所推行的政治国家模式，以及它与中国作为民族国家之社会共同体之间的关系。

作为隐含的前提，当代中国作为民族国家是一个特殊的"政治民族"统一体，即"中华民族"，多元共存于统一的政权权威核心衍生构建而成的权力体制之下，这根本规定了单一制仍将作为单一制例外存在和发展的基本框架。只是在一个日益开放的发展环境下，在立宪主义语境下，基于权利作为一种自由的价值精神，以及个体本位作为社会共同体的结构本位，单一制国家面临新的命题：单一制例外不再仅仅因为历史条件沉淀为客观上对差异化权力结构的诉求，而是要应对社会共同体内部基本个体的觉醒，而不断新生、不断发展的主观性多元化诉求。

由是，单一制不再仅仅是要满足多元社会共同体遵循历史选择而并存于"中华民族"政治统一体内，这个政治国家主权统一的结构需求，更应由"体制"转向"制度"和"机制"，以规范设定的方式，提供结果预见性高的互动关系形成机制，让国家和社会在动态中形成均衡和相对稳定状态，并不断指向良性互动关系。

当然，就纵向权力配置的基本要素来看，体制也好，机制也好，实现目标的基本要素和可调节的基本资源仍然是权力，而国家与社会之间的基本关系仍然是权力关系。即使是建立起动态的机制，也仍然是在权力控制结构这个基本平台上展开的。这是始终没有变化的论证逻辑，也正因为这样，讨论历史上权力支配结构在单一制例外中的形成和确立过程，就成为必要，过程的轨迹实际上是平台在新时代语境下展开和发展所仍在遵循的基本规定，或者凯尔森所说的"基础规范"。

从静态稳定的结构到动态均衡的过程，权力关系实际上是在找到单一制例外作为一个"被固定化"的权力支配对象，向自主化的次国家单位转化的路径。此时，统一的权力结构体制内，不再以中央这个权威核心为唯一的主体性权力单位，国家政治共同体形态的型塑，转为次国家单位主体通过自觉的行动，和中央达成权力均势而构建权力体制的过程。不过，这恰是立宪国家在宪制层面的本质形态，即："宪法……更集中、更全面地表现了统治阶级意志……本质在于，它是一国统治阶级在建立民主制国家过程中各种政治力量对比关系的集中表现。"① 其实，具有政治自觉性的次国家单位，尤其是具有异质性诉求的单一制例外，正是影响政治力量对比格局形成和变动的政治力量的重要表现形式之一。

如果要引导单一制例外以及它们所代表的政治力量多元化趋势，在发展的动态过程中，仍然整合到单一制的结构中，就需要中央和次国家单位保持均衡的力量对比，或者遵循相对确定的规则，能够在良性互动的过程中不断达致均衡。此时中央所代表的统一国家权力，在次国家单位中的支配强度，与单一制例外这种已经完成政治自觉的次国家单位"自组织"公共权力进行社会秩序化调控所发生的权力支配强度，应在同一社会中，共同维系一种公共权力组织与社会之间的良性共存关系。换句话说，此时由于双向的身份，单一制例外等次国家单位的权力配置，虽然在逻辑上是衍生于中央政权的授权，然而事实上它们已经是能够与中央在单一宪制结构内对话和博弈的主体，同时也是能够对内部社会基本秩序化需求予以满足的公共权力单位。

对于社会来说，单一制例外代表了这样一种配置的思路：统一国家在通过纵向权力建构与次国家单位以及基层社会建立权力关系的时候，在统一从中央配置权力资源的问题上，不再单独只考虑统一政治国家的权威意志，而需要加入次国家单位的权威意志以及社会对权力配置结构的权威认同路径等因素——前者可能会限制统一中央权力的介入限度，而后者则往往决定了介入方式。这正是我们在第二部分探讨权威认同和权力配置模式之间的关系：基于社会不同的权威认同路

---

① 周叶中：《宪法》，高等教育出版社，北京大学出版社2005年版，第48页。

径，统一中央权力会采取不同的公共权力建制，将次国家单位的公共权力组织整合到统一的权力组织和权力支配结构中；而由于单一制例外固有公用权力的"发达"能力，当它在外型上和中央组合为权力支配的"总和"，社会所关心的就不再是谁来控制，而是谁给了什么方式的、多大的控制了。

所以，当我们仍然回到单一制国家这个统一政治共同体的主语角色中，此时它就是要找到一个自己的"适度"形态，介入单一制例外，与相应的次国家单位的自发性公共权力组织相互在"总和"意义上与社会建立起良好的互动关系。我们可以说，单一制国家在权力的形态上，呈现出"适度"的状态。

不过，此时说要寻求中央政权构建"适度"国家而来改建纵向权力体制，还是要坚持：我们始终将中央和单一制例外、次国家单位对应的社会，放在动态均衡的语境下来谈论"适度"，并不是要以构建一种固定的结构为目的，而是一种综合的"指标"，针对变动状态下的国家与社会关系，建立相对均衡的权力关系；本旨是要找到变迁环境下，构建均衡关系的制度或这种制度的构建原则。可以说，适度是通过权力强度的秩序化调节，为国家和多元化的社会互动提供秩序化的运行环境，在整体上呈现的综合均衡状态。从达致适度的这个过程的具体原理来看，主要是追求中央政权和次国家单位能够良性互动，彼此寻找诉求协调共存的机制。那么，具体来说，建立这种协调共存和良性互动的机制，就需要解决这样一些问题：突破传统单一制理论中带有集权式色彩的结构局限，减少单一化决策结构对追求协调造成的阻滞，其中，关键矛盾主要存在于多元化诉求主体和现行权力结构多元参与兼容力的有限性之间。从目前的各种制度理论来看，对这个问题作出了系统回应的，主要是社会治理理论，它为"适度"的单一制国家提出的具体标准就是"善治"。

一、向善治转型

什么是善治？在社会治理尚有理论分歧的情况下，要对"善治"

提出明确的标准，是一个比较困难的问题。不过，就目前几种比较权威的"善治"标准来看，① 它们一般包括以下几个方面的内容：政府的透明度、责任能力（调节宏观经济、辅助社会经济发展以及提供社会福利）以及增进社会公众参与强化决策过程的合法化等。这些标准，可能通过不同指标得到评价，如 IMF 和世界银行提出的指标体系②就是其中具有较高权威的一类；我国比较有影响力的是俞可平教授提出的六个基本要素。③

追求善治，本身是一个过程。正如世界银行在治理指标的相关报告中指出的："等待治理和公民自由（在发展中）自然获得改善是一种错误的做法，即使是一个国家的收入剧减，或需要外援，善治也不是一个'奢侈品'；对于一个国家来说，国家并不会因为变得富足而自然地向善治状态演进。相反，在一个治理状况和公民自由状况有待改善的国家，持续关注社会治理、进行介入、实施引导是不可或缺的，这些措施能够

---

① 目前对"善治"的标准，获得比较广泛认同的主要由联合国、IMF 和世界银行提出，此外还有部分非国家间政府组织如 IOG（1990 年成立于加拿大，全称"Institutions on Governance"）。IOG 等组织主要进行"全球治理"政策研究并提供简报；其中以 IMF 和世界银行共同认可的"善治"标准最为权威，当然也出现了一些对其予以质疑的声音，如 Honest Ngowi 所写的"Questioning the WB and IMF on democracy and good governance"，以及 Ngaire Woods 所写的"The Challenge of Good Governance for the IMF and the World Bank themselves"两篇文章就表达对 IMF 以及世界银行标准的反思，但是他们的反思更多是基于这种标准的抽象性，或者说他们认为这种标准只是在理念上提供了一个理想，在实际操作中存在可行性的技术问题；但是对于标准的内容、精神并没有提出否定。所以，基于以上的几个国际组织提出的"善治"标准，虽然它们主要基于全球社会层面展开标准的讨论，但是确实以具体国家为标准的考察对象，譬如最早以新的概念含义来使用"治理"的政策报告就是世界银行针对非洲撒哈拉以南各国治理情况的分析；并且，在立宪主义价值理念普遍化的条件下，承认"治理"这个本于立宪主义理念发展而产生的理论具有普遍性，或者具有跨越国家地域的全球性标准，也是可行的。

② http：//info. worldbank. org/governance/wgi/index. asp（世界银行）

③ 合法性、透明度、责任性、法治、回应和有效。参见俞可平：《治理和善治：一种新的政治分析框架》，《南京社会科学》2001 年第 9 期，第 42-43 页。

反过来改善社会经济、促进(公民)发展权益。"①

　　而且,就各种试图对善治提出标准的理论来看,它们除了在指标或标准的意义上对社会治理进行结论性的评价,基本上还提到了对治理的结构、程序等进行过程评价。在评价体系中,政府为公众提供的合法化表达渠道、公众参与决策的能力、政府组织对公共资源的管理、配置方式,如向社会组织、私人部门转移权力等,都是对过程意义上的社会治理实行评价。其实无论社会治理如何强调公众参与,以及用社会权利制约国家权力,无可否认的是在整个治理体系的构建中,不同国家的社会可能参与主体不同、不同主体参与公共事务决策的权重不同,但是政府,确切地说,政治国家权力组织的权重是基础性的条件,其权重也始终保持在相当高的水平上。②

　　除了结构中参与主体这一点,无法用"社会治理"完全淡化政治国家组织的特殊地位之外,治理理论尝试革新国家与社会之间关系的话语模式,它采用一种"网络式"而非"等级式"的配置结构来考虑权力的配置;作为掌握权力分配规则的主体,政治国家组织在其中的地位是不可或缺的,但并非独一无二。

　　从以上的角度来看,"善治",可以这样来理解它在我国权力强度配置制度变迁中的价值指导作用:第一,它以社会个体化诉求为标准,来衡量国家权力的配置效益;那么我国权力强度配置所要进行的互动预测,其信息来源就会日趋多元化。第二,多元化固然能够强调个体诉求获得表达,即符合所谓"合法化"和"表达"(legitimacy and voice)这一"善治"指标,但是在现实条件下,这种分散化的建制是高成本的,在国家整合、协调分散化行为达成有效共识

---

　　① Daniel Kaufman: Human Rights, Governance and Development: an Empirical Perspective. World Bank Report (2009): 19.

　　② 参见 Why Regulatory Governance Matters? CRC Policy Briefs, 2004, No. 2; John Graham, Bruce Amos, Tim Plumptre: Principles for Good Governance in 21st Century. http://www. ops-oms. org. pa/drupal/SCMDSS/2% 20WCSDH% 20Discussion% 20Paper% 20resources/1% 20Governance/IOG_Principles_for_good_governance_UNDP _PolicyBrief15_2003. pdf.

（consensus orientation）和实际执行能力（performance）等层面，又会背离"善治"的要求，这是社会治理理论以"网络式"权力配置结构推进国家权力配置多元化转型所要解决的问题。

在"网络式"的结构中，所有的诉求主体，即"善治"最终要求权力予以回应的权利主体被连接为利益共同体，在多端连接的意义上它们能够分层次、分段地根据具体的利益共生关系相互形成权利互动关系，并以此形成多层次的协调行为，在自发整合的基础上减少直接投放权力进行权利整合的权力强度或权力成本。

"网络式"和过去"管理"体制下的等级式结构相比，最大的优势是能够更高效地整合信息。这种功能实际上就是要求，决策者能够应对动态发展过程中的社会多元化需求，从而实现国家权力强度配置由被动适应向有意识设计的秩序化转变。其中关键的问题是，如何能够有效地、常行地获取这种社会多元化需求的信息。换言之，即需要信息机制的秩序化。这里的信息，主要是指在追求向社会治理的转型过程中，国家为社会治理创建制度环境，在相应权力强度的配置模式选择时，国家对社会互动反馈行为的预测信息；对这种信息的有效预测，是治理获得有效益的制度支持的依据——这也正是"善治"另外两项指标的要求："责任能力"（accountability）和"法治"（rule of law）。在"网络式"的结构中，各个参与主体之间连接的信息传递距离和传统的等级制之下，由底层向单一化的决策中心传递这种距离相比，无论是信息传递成本、信息损失还是信息的反馈成本都能够远远缩小——波斯纳在提出权力纵向配置的集权化和非集权化时，信息在决策中心的传递就是他比较两种权力体制优劣的重要指标之一，① 诺斯也提到过：制度变迁的有效性会受到两种效应的影响：锁进效应（lock-in effect）和信息的反馈效应（feedback effect），前者是

---

① Richard Posner. Federalism, Economics and Katrina. http://www. becker-posner-blog. com/2005/10/federalism-economics-and-katrina-posner. html（Beck and Posner's blog,2005-10-9）.

缺乏利益共生支持之下的零和博弈，后者则现实地受制于信息效益。①

从我国的现行体制来看，单一制国家所代表的，是国家整体宏观的发展利益，这本也是"善治"中对国家"指导力"(direction)即战略视野(strategic vision)提出的标准。但是，整体的发展规划有赖于多元化的社会共同体的有效互动和回应，故此，以全国为视域推行经济体制改革和相应的政治体制改革之后，为了宏观指导中的战略规划能够在社会各层次获得实现，法律层面的权力下放无可避免。只是这种下放，或者说权力强度配置的调节，并不一开始就是依循信息机制的规律来操作的，它和改革开放一样，经历了摸索的过程，而在这个过

---

① 反馈效应是针对信息成本提出的，它产生对制度变迁提出的要求可以在"网络式"配置中得到很好的回应，下文将进行具体说明；而锁进效应，诺斯所举的例子是提高高资产收益税之后，国家在资产收益税项目下的收益递减现象，这种效应背后，典型地体现出新制度经济学将互动作为考虑背景这种思路：当收益税提高，资产所有者便会倾向于持有而不是进行交易，资产交易或者说资产的收益"变现率"(the rate of realization)减少，以固定的比例税率为征收条件，因为可征税的基数即资产收益值降低，整个税收就会降低——税收原理里的替代效应早已经提出对这个现象的反思。如果按照这种情况，国家权力强度配置如果被权力对象看作是"控制"，在权力强度通过规范向社会投放的时候，根据规范的适用条件，作为权力对象的社会共同体以及社会个体就会倾向于"规避"，此时国家权力强度的配置实际上就会落空。这所有的问题背后都是一个设定：利益的对立性；拿诺斯所举的税收例子来说，当资产所有人将国家税收行为看做是和自己分享资产收益的行为，就会选择放弃资产收益的"变现"转而持有，其实最终会造成国家经济资源流通环节的阻滞。参见 Douglas C. North. Institutions, Institutional Change and Economic Performance, Cambridge University Press, 1990: 11-13. 即，当税收或者其他权力强度配置的政策不被认为是与自己利益相关的行为时，权力对象"消极的对抗"这种互动最终会造成配置政策下相关利益方的零和博弈。这种情况，其实需要让相关利益方彼此之间结成共生关系，以利益的共生、协同效应，改变零和博弈方式；而这种改变，既然以立宪主义国家为基本语境，国家统一实施权力强度配置本质上是和社会共同体的利益根本一致的，那么这里要突破锁进效应，关键其实还是在信息机制上，要能使之增进彼此之间的共识和行动之间的协调。

166

程中次国家单位形成的多元化社会发展格局，是我国追求"善治"、推进多元化权力配置中权力强度调节秩序化的现实基础。

我国早期的权力下放主要是在经济发展政策领域，对部分经济决策权按照次国家单位的市场范围分配到较低层级的政权单位中，以促进社会资源的自主调配和灵活发展；以此为基础，20 世纪 90 年代大部分时期，其他领域的政策决策、执行权相应调节，基本可以认为是为了匹配经济权力下放而推进的。进入新千年，在 2002 年党的"十六大"，国家正式宣布"发展党执政兴国的第一要务"，发展成为统一国家为次国家单位调配资源的动力；其中，由于保持了行政权体制的垂直负责制，以发展维持政治稳定、评价权力绩效成为官员们"心照不宣的……全国性政治约定"，它驱使"经济成就成为地方党政官员表现的重要标准"。不过，当次国家单位政治权力组织中具体掌握权力资源的官员，将次国家单位自主发展和自己的利益"捆绑"在一起的这种条件下，次国家单位追求实质的自主发展权极大地推动了政治体制改革中"真正的放权"，其实看似次国家单位多元发展自主性"压过"了国家统一发展的协调性需求，如已经出现了相当长时间的地区市场壁垒问题，但是"中央已经依靠地方的主动性和灵活性来加强了整个政权"，多元化的发展强化了统一政权体制对于社会多元化需求的责任回应效益。①

可以说，次国家单位现在已经有了相当发达的自主发展能力，这是推进我国国家和社会关系向治理结构转型，构建多元化权力配置体制的良好基础。然而，多元化的发展也并非都是有益的，几点问题还是存在的：

首先，作为"政府主导型"发展中国家，"放权化"改革并不是一个向社会放权的过程，而是统一国家政权体系内部纵向放权的过程。即此时的多元化，主要集中表现为各级政权在本单位内实施的多元化政策，和治理所真正主张的多元化，即社会参与还有一段距离。

---

① 参见［美］李侃如：《治理中国：从革命到改革》，胡国成、赵梅 译，中国社会科学出版社 2010 年版，第 333-335 页。

其次，多元化集中在政权体系内部，就会显得"权力存在于我们看到的几乎所有地方"，① 即使不讨论这样的权力投放是高成本的，问题是在高成本支出之后，支配利益规则的掌权者会成为具体的既得利益者，由此会扭曲发展取向，最终能够享受到发展成果的容易由主权者的人民变成具体的掌权者。

况且，推进权力下放，本身就是要减少中央直接权力强度的投放。中央政权是代表统一政治国家投放权力的。其实减少中央的直接权力介入，根本上是要降低国家对社会发展的直接控制强度。次国家单位的政权组织，虽然在组织过程和运行机制上和本单位的社会共同体具有直接联系，但作为单一制国家纵向权力结构体系中的子系统，它仍然是政治国家权力体系的一部分，所以，降低国家权力对社会发展的强度，既是对中央政权统一决策的要求，也是对次国家单位政权组织行使权力的要求。这就要求在部分社会发展领域中，次国家单位政权组织也应当实行有计划的退出。而目前，各级政权所掌握的权力"无处不在"，是不符合治理中权力配置非等级化精神的。

再次，摸索式的"放权"在早期有限范围内还是可行的，随着"放权"领域的扩大和程度的深化，即国家权力强度在直接控制层面的总体弱化，"摸索"难以及时提供相应领域配套的规范化应对措施，由此在社会发展中出现了一系列非秩序化的问题，最形象的描述就是"一放就活，一活就乱，一乱就抓，一抓就死"。这种循环，暴露出摸索背后，国家治理能力方面，"宏观指导力"亟待提高；从长远来讲，受到摸索中政策变动性较大的影响，社会发展主体逐渐会对政策采取短期博弈行为，这从根本上不利于社会可持续发展和健康发展。

如果不尽快从摸索中找到国家进行权力强度的配置和调节的秩序化道路，国家权力在社会发展过程中的失能就会引发非秩序化和反法治化的危险。出现传统国家权力配置体系难以全面应对社会发展的变化，尤其是多元化发展这种趋向等问题，根本在于从权力配

---

① ［美］李侃如：《治理中国：从革命到改革》，胡国成、赵梅译，中国社会科学出版社 2010 年版，第 335 页。

置过程就应当适应这种多元化的状况。整合，不单单是在结论意义上的，更应当是在动态过程意义上推进的。如果只从单一制国家整合的静态角度来看，单一化的决策结构是无法变更的，但事实上，根据我国民主集中制的决策原则，集中是在民主参与，即兼容多元化需求的前提下形成的。在决策过程中吸收多元化主体的广泛参与，是吸引多元化发展需求积极参与正式决策机制中的切入点，由此形成的决策更趋向于对多元需求的有效整合。构建决策过程广泛参与的制度，其形式直接回应了治理理论对国家权力提出的合法性（legitimacy）以及透明性（transparency）要求；在实质上，将多元化在决策过程中进行整合，是提升决策权回应多元需求效能以及权力责任性的有效途径。

最后这个问题有些特殊，它也可以看做是一种新型单一制例外的机缘。我国次国家单位自发的发展实践中，区域间协调发展已经是一个主流。其中，除了上面提到过的，根据国家统一政策规划而进行的区域协调，还有一部分是区域政权自行"绕过中央"而实施的区域间的联合发展，其中主要的手段是行政协议。在区域间联合发展所采的这两种措施中，根据中央政策的规划推进，本身已经包含了单一制条件下中央政权对区域间协调发展的积极整合，留待解决的问题主要是"绕过中央"自行推进的这类发展应当如何对它实行整合？①

这些问题，既是我国推进社会治理发展过程中所面临的现状，我

---

① 当前的区域间整合发展，主要是针对跨区域间基于经济发展和社会事务管理而实行的行政权力之间的联合和协调。根据我国现行《宪法》和相关组织法所规定的行政权体制，我国行政权中有一部分是准立法权、准司法权，所以虽然行政协议主要依据行政权机制缔结、履行，但是它推动的是次国家单位相关法制体系的全面变革。学者们一般都认为区域间行政协议是当前我国发展社会治理的重要工具；但是也认为当前的行政协议实践存在较大的问题，其中比较突出的问题主要有两个：第一，各行政机关和辖区外的行政机关缔约的主体资格和权力有待于相关法律依据的完备；第二，协议本质上是平等缔结的，它可以被看做缔约行政机关为辖区内社会发展创造的"软法"，但是"软法"的执行效力缺乏制度保障。

国要走向"善治",应当能为这些问题提供系统的解决方案;这些问题,也是我国传统权力强度配置模式在新时代条件下面临的挑战和更新契机。

二、构建"适度"的单一制国家

就现有的努力来看,试图构建一种动态的制度规范,使权力强度配置尽可能适应动态的社会发展,"善治"好像将国家引向了一种行政权力膨胀的组织模式:因为治理,或者说立宪主义通过国家积极回应社会发展诉求,进行有关社会资源的调配、社会公共产品的供给以及公共事务的管理、协调,其中涉及的事务和权限,形式上属于传统行政管理权,尤其是社会经济事务管理权的领域。但是,法治原则支配下的行政权力,其合法性必须要获得立法权的承认。立法权对现实发展中的例外现象进行制度整合,既是单一制国家权力强度配置制度构建的一环,立法权在制度上实施调整的结果也是行政权进一步指导社会发展、促进"善治"的依据。根据合法性依据的变迁,司法权在对行政权实施审查时,因为立法权为行政权重新确立的规范依据不同,相应的审查范围、审查标准也会相应发生变化,它构成了对单一制例外地位的保障。归根结底,权力体系的全面变迁,才能为"善治"提供全面的制度保障,此时国家作为统一法律规范秩序体,它通过权力获得的社会实现,才能全面符合"适度"的标准。

而围绕治理展开对权力结构的改造,源于这样一种理念:"政治舞台不再由国家或政府所独占,而是包含了……许多相互交织的社会实体和机构实施的有关规则制订、监督和执行的集体过程。治理不仅仅是指以正式权威为后盾的政府机构和决策,而且也包括在公共领域内运行的非政府组织,它们日益卷入决策以及政策的执行和监督之中。"①

----

① [英]戴维·赫尔德、安东尼·麦克格鲁:《治理全球化——权力、权威与全球治理》,曹荣湘 等译,社会科学文献出版社 2004 年版,第 97 页。

处于发展变化将是我国长期面临的现实国情，因此，可以预料的是，中央政权将面临越来越多的多元化发展诉求。可以说，不同的政策及其权力实施过程，将可能产生不同领域、不同层级的新型单一制例外。单一制例外背后，是次国家单位社会共同体自主的发展需求，是社会多元力量寻求在国家统一设置的发展模式之外，表达自身利益和发展存在独立性、差异性的现实。正是因为这样，才会出现单一制国家传统权力配置机制难以应对多元化需求的问题，也才会出现多种社会力量要求参与权力配置和运行过程的治理需求。

总体来说，我国当前各种次国家单位发展的多元化，背后是社会自发发展的结果，它们已经形成了影响甚至制约国家统一权力决策在各层级社会得到实现的重要力量。虽然我国已经在"放权"和其他区域化改革的政策调控中，认识到了这一点，但是认识还只是停留在从原有体制出发、应对具体变化的立场上，仍然有待进一步形成宏观、系统的规划，来应对这种次国家单位多元化的发展趋势，将各种政策空间中可能出现的例外引导到统一政策规划的发展轨道上来，提前针对可能出现的例外情况设置相应的规范化运行指引。这就需要单一制国家中央政权在统一配置权力强度的过程中，为多元化的社会需求提供有效整合的机制，尤其是能够适应动态整合的程序机制，这是当代单一制例外在我国发展过程中对国家权力配置提出的转型要求。

具体到追求"善治"的语境下，整合单一制例外的发展、推动单一制国家权力配置的转型，实际上是推动权力配置过程向治理所设计的"承载所有人利益诉求和价值取向的博弈过程"转化，在多元利益能够获得兼容的结构内，通过"合理的截取、理性的表达及制度化的保障以确保个体利益的最大化"。①

从我国单一制结构内，各种单一制例外的独立利益诉求类型可以发现，它们存在两方面的特点，这两方面的特点具体地为我国向"善治"转型提供了制度构建的指引：

——————————

① 参见杨春福：《善治视野下的社会管理创新》，《法学》2011 年第 10 期，第 46 页。

一方面，特定单位被认为是一种例外，应当从一种相对意义上来理解。如民族自治区，它主要在民族文化和相关的社会发展政策方面存在特殊需求，包括保护民族文化和尊重其特殊的民族感情，但是它却并没有和香港、澳门一样的独立政治制度需求；反过来，香港、澳门则并没有在民族文化政策领域获得特殊对待的要求。这种相对性还表现在区域层级上，例如近年来出现的"省管县"的主张，它是针对基层社会发展需求的多元化而提出的，对于一省来说，它也可能构成全省规划发展或者该省所参与的区域发展以及全国性发展政策中的例外单位，此时该县所需要的发展支持可能与省级、跨省的区域整合级别以及全国范围内规划的发展不完全一致，就需要省以下的权力强度配置给它提供不同的制度产品。总的来说，不同领域、不同层级是识别和回应单一制例外的具体条件，这就意味着对单一制例外的整合，并不是一次性的，它有赖于多层次、多角度的整合。也正因为这样，整合应当是动态的，这样才能适应未来单一制例外新发展的整合需求。

另一方面，其实多元化的背后是一种平等和融合的追求。从抽象法律地位出发，各次国家单位在同一层级上，彼此之间地位是平等的，这是基于个体平等权的必然结果。如前所述，例外单位一般是因为社会共同体固有的异质性和其他次国家单位存在差异，构成它在统一权力配置这种条件下，会受到实质上不平等的待遇，所以，单一制例外本质上是中央政权促进次国家单位之间缩小差距、实现发展能力趋同的平等化措施，是促进融合而非固定差异的手段。这种平等化之所以能够向融合的方向发展，背后是诸次国家单位对中央政权的向心力。从中央政权来讲，这种向心力源于次国家单位对统一国家的权威认同，是中央政权在权力配置中首要应当把握的核心政治共识，在不同的发展阶段，它可能会和具体的发展需求结合成为当前权力配置应当满足的优位价值。基于这种指向统一发展的大背景，中央的整合是有价值排序的，它是有序引导单一制例外治理过程的标准，也是在全国层面实现"善治"的依据。换句话说，要连接权力强度配置决策和社会个体化诉求，使前者能够尽可能对后者作出全面的、效益最大化的回应，就是单一制国家对各层次多元化诉求作出"适度"权力强度配置决策的过程。上面已经提过，要作出这种科学的决策判断，关键是处理次多元化诉求的"信息"机制。那么，在动态的视角下来看治理关系追求"善治"的过程，这种机制实际上就应当是一种有效的信息调节机制，作为权力强度配置时，有效回应次国家单位诉求的制度构建依据。

这种信息调节机制，在制度构建层面，可以展开为以下几个方面予以推进：

（一）复合共识结构

其实单一制体制内，多元例外这个特色并不意味着我国单一制结构根本规定存在变革的需要，"在一个社会里，如果没有某种具有意义的有结构的分歧，是很难了解民主政治是怎样运转的"。① 应该说，单一制例外多元发展所表达的权力强度配置差异化诉求，作为具体政策决策和执行过程中的一种"分歧"，恰是指向真正民主权威认同的必要条件，也是构建权威实现结构的必要原则——因为存在分歧，所以任何一个权威具体实现时分配权力的单位都应当是有限的，并且是各自独立的。②

回到传统理论对单一制的认识来看权威实现结构中，分配权力的单位过分集中在一个单位：那就是中央政权。它制定全国应当遵循的发展规划，即使不考虑有限政府的问题，这种单一化的决策权结构，在其运作时，它的"全局规划"需要建立在一种对全局实施信息掌控，甚至不受制于中间信息传递环节的制约环境下。现实问题是：当代单一制国家除了新加坡，或者梵蒂冈这样一类领土面积小、政权权威基础单一的极少数例外之外，大部分单一制国家都建立在历史上整

---

① ［美］加布里埃尔·A. 阿尔蒙德、西德尼·维伯：《公民文化：五个国家的政治态度和民主制》，徐湘林 等译，华夏出版社 1989 年版，第 539 页。

② 参见［美］文森特·奥斯特罗姆：《复合共和制的政治理论》，毛寿龙译，上海三联书店 1999 年版，第 132 页。

合多元政治实体的基础上，使这种无制约环境起码在实践可行性上都无法成立。权力配置的层级化，以及内在异质性单位的独特认同规则，都会使中央决策权受制于信息传递结构。在社会多元化发展的条件下，对不同领域实行政策决策时，更可能因为具体问题而面对多种互动关系，即使中央决策权能够统一下达，由于社会需求的多元化，它们自下而上到达决策权中心、可能获得统一政策决策表达的程度，又会受到信息复杂性和多层级传递中信息传递准确度、信息传递成本等多方面因素的制约。应对多元化需求，首先要更新权力强度配置决策权相关的信息传递结构，它相当于国家政策决策权得以科学制定和有效执行的"基础设施"。

和多元化需求相适应，信息传递机制应当也提供多层级、多种结构单元的结构。用更符合民主政治的规范表达来说，既然将个体化的诉求作为多元化权力需求的基础，那么，能够找到一种整合多方位需求的结构，其信息包容量应当是多维度的。认识到这种多元化需求整合问题并尝试解决的努力，始于联邦党人为方初独立的美国寻求整合力量的时候，汉密尔顿等人就已经提过，之所以选择州和统一国家多级民主政权结构，因为了解两个规则：第一，制度不完满前提下，比较优势原则而非绝对优势原则支配着人们的选择；第二，竞争格局和由此保护的选择自由是多元政权组织结构相互制约的要义，"利用最佳选择的机会是人民应该得到的选择"。①

把这两种有关权力制度的规则放到信息传递机制的构建中，可以发现，所寻求的是一种适应民主层级的多元信息、多元整合的复合共识结构，它包括全国性的共识和分层级实现的共识整合。

其中，全国性的共识，可以分为核心共识部分和全国性发展共识部分。核心共识是中央统一全国发展所坚守的权力底线，也是次国家单位所有发展需求必须由中央层面实行支持的。这种核心共识，直接指向我国以统一主权国家所推进的发展，是所有治理展开的前提。具

---

① 参见［美］文森特·奥斯特罗姆：《复合共和制的政治理论》，毛寿龙译，上海三联书店1999年版，第38-41、129-132页。

体来说，核心共识是我国虽然是具有多元化特色的单一制国家，但是多元社会共同体选择了在统一主权国家、一元政治权威的核心的引导下追求共同发展，这是不能动摇的基础，也是整个共识结构得以构建的基础。

而发展共识，则以全局共同发展的阶段需求而发展变化。在不同的发展阶段，针对不同具体问题，中央政权会为全国提供统一的引导，它引导着各个时期次国家单位对中央政权权力意志的解读，以及以此作出的具体执行回应；同时，当次国家单位在特定时期内发生对中央的差异化权力需求时，它能够获得中央对这种差异需求的承认，也应以该差异化权力配置能够最终指向全国统一发展为条件。譬如，改革开放初期，经济特区要求中央对其实行基本经济政策方面的放权，中央之所以许可它获得单一制权力结构内的这种特殊地位，是因为这种特殊的权力地位能够让经济特区完成"先富带动后富"这一发展政策规划的任务，符合全国"以经济建设为中心"的总体政策目标。单一制例外的发展，应当是符合政策统一的手段性安排，其实这也是发展共识为次国家单位提供独立需求表达空间的一种方式。

而比较复杂的是分层级的共识部分。在当代治理理论兴起之后，多元组织参与权利主体以及不同层级整合的社会共同体需求表达，使这一部分的结构不断再继续更新和发展。在这一部分的结构中，多元化、差异化的诉求信息，并不强求对自己进行一次性、完整表达的政策。从单一制国家的角度来讲，任何一种全国性的政策都建立在对不同次国家单位局部表达的基础上，而每个层级的政策也都是对自己所整合的次层级社会共同体予以局部表达的结果，这是一种制度局限。只是问题在于：当发生局部表达的时候，什么是必须保留的"局部"诉求，而被"牺牲"或者被转化的余下诉求应当如何得到补偿或政策衡平？这正是多元组织参与的治理结构在政策决策的分层级信息整合中所发挥的功能：它在多组织参与的过程中，将汉密尔顿那个时代所设计的"每一个人都可以利用若干政治结构……每一个人……有各种各样的代表"① 进一步拓展为每一个人都可以将自己部分个性化需求信息，交付给不同的组织，包括政权组织单位和享有整合性功能以及资源集中调配功能的其他公共权力组织，这些组织无论是在分解、分担实现信息整合的合作关系中，还是在交叉领域里的竞争关系中——当然，这里理想的状态设定为它们之间并不存在彼此的操纵、控制或者在信息整合时扭曲、压抑或干脆牺牲诉求的情况——多组织的参与，使多元化的共识能够获得多元的代表，在复合的结构上能够尽量"还原"社会诉求的全貌。

只是还留下最后一个问题，多元组织的参与，在保证它们信息整合对社会的"忠诚度"的时候，假设了彼此间"网络式"的治理关系，即无操纵、控制或扭曲等情况；那么，复合要通过什么方式实现有效的结构整合呢？层次化在什么时候不会扭曲"网络式"权力配置的关系呢？

在我国，有效整合也好，层次化也好，基本的出发点仍然要坚持单一制，这是我国采取复合共识结构时的"中国特色"，是我国和提出复合共和制结构来促进民主的美国存在根本区别的地方。具体来说，复合共识结构是针对过去单一制国家"惟中央"这种决策权过分集中的模式进行改造，其实权力过分集中，在规范分配上成为具体职权和职责的时候，也会使中央负担的决策成本过重。借鉴联邦制多元主体结构，在单一制国家，并不是要改变根本决策权的归属，而是在过程的意义上改良决策权具体实现中的分解和配置。在整个决策权的结构中，中央依据对主权性权力的独占地位，始终以以下方式主导复合共识的整合和层次化：（1）它决定了次国家单位得以参与权力结构的基本方式；（2）它决定了次国家单位内，对不同层次共识的整合方式；（3）次国家单位所形成的共识，有赖于中央的"再整合"，才能获得相应的权力资源配置，表现为中央弱化自己的强度控制，如自治，或强化统一的强度支持，如财政转移支付或者是在危机

———————————

① ［美］文森特·奥斯特罗姆：《复合共和制的政治理论》，毛寿龙 译，上海三联书店 1999 年版，第 129 页。

事件中派出武装力量；（4）各层次之间的共识，有赖于中央政权的统筹和调整，才能在全国范围内获得相互之间的平衡和共生，最终符合核心共识和共同的发展共识。

当然，出现这种单一制国家仍然由中央统筹复合共识结构的"中美差异"，本质上是因为这个用来实践和推进实质民主发展的理论，它们所分别指向的民主文化是不同的。在不同的历史文化传统中，中美对构建民主国家实现个人权利的基本路径认识是不同的，由此，对国家权力、尤其是中央作为整合性力量的地位认识两者也存在差异：美国受到英国传统和殖民地独立历史的影响，构建国家以个体和权利为起点，强调个体权利和自由能够在国家中获得不同层次的直接实现，所以国家权力和中央政权是一种背景式的服务者，它在个体权利和自由的面前，应当克制自己所具有的"独立化"，或恩格斯所说的"相异化"的意志。但是中国作为传统东亚国家，自古以来，"圣人代天理物"这种"代天行罚"、"替天行道"的"解放者"是人民作为一个整体追求权利的希望所在，否则就会出现如老子说的"天地不仁，以万物为刍狗。圣人不仁，以百姓为刍狗"。丧失民心的政权便可能被人民在新的解放者带领下所"抛弃"，这可以说是中国传统民本思想"水能载舟亦能覆舟"中，给当代中国民主文化带来的影响。

在我国的这种民主文化中，中央政权作为整合性力量，它整合并集中地独立表达了全体人民的根本权利诉求。所以，当中国构建复合式的共识结构时，只是在中央统一整合之下的位阶，为次国家单位的特殊需求提供了空间，这便产生了单一制例外，而这种空间的具体构建方式以及整合，在逻辑上、本质上仍是中央统一认识人民全体意志的结果。

（二）利益共生和互动均衡

复合共识结构只是一个静态的设计和安排，而且从其本质规定方式来看，可以发现，它主要是为中央政权在单一制条件下，划定"放权"的"底线"。但单一制例外并不是一个被"隔离"保护的

"展览物"，静态的结构只给它们提供了在不同政策结构中，独立需求得到表达的可能。本书从一开始就反复强调，从强度来看待权力配置，是因为要着眼于权力实现效果来考察国家构建，所以，制度构建的文本可以根据复合共识结构基本形成其设计，单一制国家在不同政策领域内，在不同例外单位内要在动态实现层面达到"适度"，还需要根据次国家单位的例外需求，引导它们作出符合权力关系设计的互动反应。

权力关系，结果指向"支配"，但是"支配乃是权力的一个特殊个案"，实现"个人之意志加诸他人行动"这种支配意志还可能是关系中各方基于利害关系的选择，而即使是基于权力这种具有强制性的力量或资源，也必须要双方在该权力正当性，即权威的意义上才能尽可能保证支配意志得到实现。① 权力强度的调节，其实是将权力的强制性现实化，预设了享有完全的强制性，即掌权者，这里主要是我国中央政权具有完全依靠权力推进支配性政策意志的能力，但是在实现方式上，可以选择引入其他可以发生支配效果的手段。也就是说，权力和利害关系是从纯粹意义上能够独立引致支配效果，即政策意志实现的两种方式；但是，并不意味着它们不可能同时存在，共同引导次国家单位在权力互动关系中，指向中央所追求的政策效果。在大部分情况下，可以认为，恰是因为引入了利害关系这一因素，才会显现出中央政权在特定领域对特定次国家单位的权力控制弱化。即，在动态上，中央通过在特定领域内，利用利害关系引导单一制例外对政策发生向心力，在具体的发展过程中，主动地调整自己的发展行为，既适应中央的发展规划与政策目标，也获得自身特殊需求的表达和实现，这是探索中央政权"适度"强度的一种"更效益"、更符合权力互动关系原理的方式。

引入利害关系这种因素来促进中央政权统一权力配置在不同层次社会共同体内的实现，也就要求该相应次国家单位在一定的政策整合

① 参见［德］马克斯·韦伯：《韦伯作品集（III）：支配社会学》，康乐、简惠美 译，广西师范大学出版社2004年版，第3-8页。

范围内，和其他相关的单位作为相互配合来分解实现中央统一政策的时候，中央与单一制例外、单一制例外与其他同层级的次国家单位以及其他次国家单位之间，能够形成利益共生关系，而使统一权力配置实现的各个层面，即复合共识结构中根据不同强度分解权力资源而确定下来的每一组权力关系中，同层级的各个权力对象在本层级的权力实现效果上，能够对上一层级产生"1+1≥2"的协同发展效应，最终使次国家单位在权力互动的动态过程中，通过差异化结构中的单位协作，保证整体政策效应上的完整实现。

这种动态实现方式，能够有效地利用我国多元例外单位之间的差异现状，将不平衡转化为优势互补，将竞争转化为利益共生。通过协调次国家单位之间的关系，将单一制例外过去需要中央供给的权力资源转化为它对这种权力资源的自我获取能力，或者对这种权力资源指向的利益的其他实现能力。这种做法，在中央近年来主导的区域间协调发展战略设计中，被证明为是行之有效的：它既使中央退出了直接的权力供给，又降低了单一制中央政权决策权的决策成本以及执行过程中有待于各层级传递的信息成本；而弱化中央的直接强度控制之后，相应地开放了次国家单位自主空间，在更低层级的意义上，除了减少信息成本之外，更能适应个体化需求表达和实现所要求的单位规模，并且贴近个体化需求的次国家单位，尤其是适应特殊个体化需求的单一制例外，它能够更加及时和全面地对本单位内社会共同体的需求予以回应。起码从政策效益和各种权力组织的责任性等权力效能角度来看，这种动态协调的方式，是符合"善治"指标的。

结合复合共识结构来说，核心共识部分，是必须由中央统一把握的；而发展共识，则是中央基于民主诉求整合不断予以识别、解读和表达的，它作为动态的共识，与各下级位阶的共识之间，既在纵向时间轴上存在相互流动的可能，也在同一时间内存在彼此交换的可能。正是在后一种可能的意义上，当将单一制例外和其他次国家单位协调为利益共生、协调发展的一个权力对象时，单位之间基于利益共生关系，而主动采取相互配合的发展策略，如订立行政协议，既不必中央统一行使权力，当发生违约行为时，由于利益的共生和长期博弈这一客观情况，反而有时可能发生比司法介入更为有效的制约、制裁以及补救效果。此时中央只需要发挥三种功能：（1）在宏观规划的意义上，根据不同阶段的发展共识，将政策目标分解到不同层级和不同的次国家单位中。根据这种分解后的政策目标和次国家单位的个体化需求，中央实行统一权力配置制度供给中针对性的权力强度调节。（2）引导统一层级之间次国家单位的协调发展，促进区域间利益共生关系的形成和巩固。主体经济区发展规划以及国务院批准的、主要在山东省实施的"蓝黄战略"都是由中央发挥引导功能而推进的。（3）宏观政策的衡平功能。例外单位之间的发展条件不平衡虽然是它们之间利益互补的客观基础，更多的情况则构成了区域间发展能力的失衡，此时，可能会导致部分区域为了追求短期的发展，在劣势的竞争条件下主动或被动地作出牺牲长期可持续发展利益，以及有悖于中央统一发展目标的合作选择。此时，中央应当积极介入，根据宏观政策目标、长久规划发展目标等，在统一配置权力强度的条件下，对处于劣势的例外单位实施差异化的配置，如加大扶植、实施政策倾斜，也可以根据具体情况直接实施制度供给，如对于灾后重建的区域来讲，实施中央统一的物资调配而不能单纯依靠市场化的利益共生机制，就是有效弥补该区域在特定时期处于发展劣势的方式。最后一项功能，和前两项功能有所不同的是，前两项功能主要着眼于利害关系因素的构造，即引导次国家单位主动根据利害关系的衡量，代替或者辅助权力，来促进权力指向的中央政权意志的实现，而最后一项，则是针对利害关系衡量这种源于市场行为规律的模式、可能同时引入的市场缺陷，所作的"道德性"或"伦理性"衡平。

（三）有效表达到制度整合

之前讨论复合共识结构也好，利益共生中实现次国家单位自主协调发展也好，一个隐含的前提是：个体化的需求在权力互动中有效地表达出来，据此，中央才作出了权力强度配置决策，构建起来的，是符合各层次社会共同体诉求的"适度"国家。

可是，表达这个环节，真的是有效的吗？恐怕大部分权力效能低下的制度构建，都止步于形式民主，而缺少了这一句追问。换句话说，正是因为这个环节未能有效运行，需求信息和国家权力强度的制度构建之间，未能形成有效的信息传递以及评估机制，导致了当代合法性重述中，大部分面临"治理危机"的权力失能，即福山所说的"国家失能"状况。

表达成为一个阻碍，是和民主制度的本意相背的。关于这个问题，源于对代议制民主的批判和反思，由来已久。早在现代民主理念兴起之初，卢梭就只钟情于直接民主，他甚至将代议民主称为"起源于封建政府，起源于那种使人类屈辱并使'人'这个名称丧失尊严的、既罪恶而又荒谬的政府制度"。① 进入当代，延续启蒙时代发展起来的民主理论研究，也不断开始关注在代议制民主中，为形式所隔离在权力之外的"不在场的大多数"的现象。为了推进实质民主，学者进而探讨新的民主制设计模式，之前的提到的复合共和理论即是一例；此外，哈贝马斯的交往行动理论，对民主制的实现结构提出了根本变革的设想。在延续传统路径之外，后现代解构运动，以福柯为代表的研究中，不仅仅对制度障碍，更进一步对于制度背后的基本工具——话语，提出了质疑和反思，他提出：话语中，都存在掌权者对权力对象实施"规训"的权力，表现为各种"真理"、道德，甚至这种"规训"作用于权力对象对"我"作为主体进行认识和思考的空间中。②

就我国来说，在多元例外并存并仍然处于社会发展转型时期的历史条件下，单一制要整合复杂多变的个体化需求，必然要借助于特定的代议制民主方式，才可能在统一的权力配置体系构建的时候，对社会多元需求予以更加全面的表达和回应。只是，认识到代议制民主对社会个体化诉求的表达功能存在固有缺陷之后，当前就需要对传统的

---

① ［法］卢梭：《社会契约论》，何兆武 译，商务印书馆1983年版，第80页。

② 参见［法］米歇尔·福柯：《知识考古学》，谢强、马月 译，三联书店2007年版，第45-48页。

代议制民主的实现机制予以改善。

这里并无意对民主制本身进行完整的探讨，只是对于次国家单位，尤其是单一制例外来说，它们的多元化需求要在统一国家权力配置的过程中获得有效的表达，正面临着传统代议制民主缺陷带来的桎梏。因为，如果要真正使复合共识结构能够通过利益共生关系，在动态权力运行过程中，达致各个次国家单位之间的均衡共生、促进不同层次社会共同体在国家统一发展规划下的协调发展与融合这种理想的中国单一制下的"善治"状态，就需要解决代议制民主可能对这个过程中个体化诉求有效表达所产生的障碍，具体来说，这种障碍可能产生在以下三个方面：

第一，如何使单一制例外异质性的文化认同规定在单一制国家内得到有效的识别和转化表达？

单一制国家虽然不是以社会同一化为基础，但在特定领域内，次国家单位之间还是存在同一化或近似现象的，这是中央政权能够行使统一决策权的基础，也使得中央政权对权力对象需求实行判断时存在同一化倾向。例如虽然我国民族文化存在多元性，但是汉族以及与汉族生活习性比较接近的少数民族占了我国人口的大多数，由此国家才可能统一推行汉字与普通话。在这种情况下，中央政权进行统一制度整合之前，实行制度信息中的需求判断，所依赖的是大部分次国家单位所遵循的文化认同规定，单一制例外的异质性需求就可能被根本排除在这种文化认同规定之外，即使未曾"排除"，但要成为统一权力配置体系所表达的诉求，就要经过大多数次国家单位在该领域内形成的主流话语转化，任何的转化都可能存在信息的变形、扭曲或流失，这就会使异质性诉求无法得到有效表达。

第二，如何防止整合环节，掌握决策权的主体把持话语权，以"民主形式"确立"少数统治"的问题？

举一个并非发生在中国，但值得所有国家警醒的事件为例，这就是爆发在美国的"占领华尔街"事件。诺贝尔经济学奖获得者斯蒂格利茨就此撰文《1%有，1%治，1%享》，直白地揭露了在民主形式下，表达已经无法容纳大部分的民主诉求——更不必说个体化的诉求——而问题还不仅仅是"被俘虏的监管者"或者被"僭越"的人民这种简单的代表者"背叛",根本问题是——仍然借用华尔街的例子来说:代表在成为具体的掌权者之后,再度演绎了韦伯所说的任何权力都有自我正当化的本能,他们之所以会将这种"背叛"变成一场祸及全民的金融灾难,是因为他们曾经利用话语权把有利于自己的一套规则宣传为"普世价值"或"真理",例如"公平公正将自我实现"这种老掉牙的"犬儒主义"信条,因为可以看到的是:当根据所谓"市场规律",金融泡沫遭遇破灭危机时,华尔街等经营主体并没有被市场淘汰,被捆绑在这条利益链条末端的纳税人反而会求助国家,要求财政紧急援助,而真正具有过失的经营者反而通过转嫁责任得到保全,"以……持以及通过紧急援助保留下来的财富交给那些政治家,以换取保持富人的低税率以及解除在之前金融危机之后建立起来的严厉的金融监管的承诺"。①

用哈贝马斯的话来说,形式上民主立法产生的规范权力分配,它表面上是基于"普遍性利益"诉求而制定,但当用"话语去检验"的时候会发现,真正得到表达的部分是不可能涉及"特殊利益"的,其实立法规范所谓的普遍表达,在少数人掌控话语权的条件下,"这种意志形成就会变成压制"② ——当每次掌权的华尔街金融巨头利用政府或者其他教育机制宣传追求所谓"边际效应"或者其他有关于"更大的蛋糕"的时候,当华尔街的生存方式被美化为社会成员成功或其他与美好相联系的价值图景的时候,他们没有说出的后半句事实是:"现在不是要而是无论有多大的蛋糕,中低阶层的人所分的份额

---

① [美]保罗·克鲁格曼:《"占领华尔街"或成美国转折点》,原载《时代周刊》2011 年 10 月 13 日,转载自凤凰网:http://news. ifeng. com/opinion/sixiangpinglun/detail_2011_10/13/9827130_0. shtml(2011-03-12)。

② 参见[德]哈贝马斯:《合法化危机》,刘北成、曹卫东 译,上海人民出版社 2000 年版,第 148-149 页。

是从数量上被固定了的，不是从比例上所固定了的。"①

回到这里的关于"少数统治"的问题，其实在法治框架内，通过权力分立与制衡结构，大部分的代表者权力滥用——起码在理论上——是可以得到有效的责任追究的，如果在代表和人民之间建立长期的利益博弈关系，代议制民主中代表者这种滥用权力、直接"僭越"人民的情况还是可以得到较好控制的。"占领华尔街"事件敲响的警钟，是福柯所说的规训问题：当"少数人"用把握权力这种优势，将自己的特殊利益诉求塑造为一种具有"真理"性的知识或者"普遍"性的价值追求时，个体化诉求会发生普遍受压制的情况——更不必说单一制例外的异质性诉求了：如果说上一个问题，是掌权者难以识别异质性诉求，这里的问题则是掌权者是否愿意识别和表达异质性诉求。

第三，在治理语境下，如何保证多元主体参与的"网络式"权力配置不被政权组织所把持，保证社会治理主体的独立性？

前面两个问题之所以会发生，很大程度上是因为传统单一制的决策结构，它的信息传递和识别机制偏向单一化，造成容纳诉求的空间有限、转化异质性诉求的能力也有限。正是因为这样，治理理论要求用"网络式"的权力配置结构，来改造单一化决策结构造成的信息处理能力上的这种局限。而之前提出的两个问题，归根结底是异质性诉求作为权力配置决策中的相关信息，它在治理理论设计的理想结构中，可以分别通过多元主体分别代表、多层次分级整合以及权力资源分散化配置等"网络式"结构的特点得到相当程度的克服，但恰如

---

① "一方面，机遇减少，总人数递减，人均的份额即使增长，总份额也不变；另一方面，价值评价机制不断在贬损中低收入者的劳动价值，"华尔街的"魔力"在于：金融资本被包装成隔离于实体经济、看似独立"产生"价值的资本，并且这部分资本掌握在"富人"手中，它"被越来越高估"：由于"在隔离实体经济的结构中将实体经济所生产的效益包装成资本的效益"，"这样分得利益的就是资本持有者，而不是实体经济"。参见［美］约瑟夫·斯蒂格利茨：《1% 有，1% 治，1% 享》，转载自人文与社会：http://wen.org.cn/modules/article/view.article.php/2545(2011-03-07)。

前提所暗示的："理想结构中。"

"网络式"权力配置是否能够发挥以上的功能，取决于各参与主体是否真的能够各自独立地运作，即独立地处理信息，这样才能真正用"多元"改造"单一"：在过程论的意义上，提高对个体化诉求的兼容能力，并通过复合性的结构，使个体化的诉求在不同层次内分别得到表达，使其"被整合"时发生的信息流失最小化，或者在特定层次内，因为信息转化而发生内容的变形或部分信息减损时，在其他层次空间内实行衡平补救，在整体上最终实现尽可能完整的表达。

但现实情况中，"网络式"权力配置中的诸主体却往往难以各自独立运作：首先就中央和次国家单位政权组织之间的关系来说，虽然我国中央政权近年来积极推行"放权"政策，并且大力促进次国家单位之间的自主协调发展，但各级政权组织中，参与社会治理的行政权组织，受到财政权体制和人事体制两方面因素的限制，仍然在治理能力和治理行为决策所考虑的利害关系方面，存在对中央政权意志的较大依赖。其次，国家各级政权组织在传统政治结构中，长期"垄断"控制权力资源，这就需要克服一种危险倾向，即社会自治组织在权力配置结构中的地位正式之后，可能会主动或被动地"政府化"，这就会使多元参与沦为形式主义。最后一个问题是社会个体权利表达和实现的自主能力应当加强，无论是单一的在民主政权组织中获得表达，还是多元治理主体分散表达，都是在立宪主义语境下，追求个人自由与权利价值的制度安排，所以，无论多么完善的组织、制度构建，都无法替代社会成员个体自主表达在其中的作用，可以说，没有积极、理性的权利意识，其他的制度构建都只能成为具文，而个体主张权利，需要有激励机制，即要使公民个体愿意对权力强度配置机制积极主张权利，必须要为这种主张提供相应的渠道。

突破"表达"对统一政策有效整合不同例外诉求的阻滞，面临上面所说的三方面问题。虽然围绕这个问题根源所在，即民主制实现方式的固有缺陷，已经有了很多讨论，并且尚未产生普遍接受的、足以对代议制产生根本变革的制度构建方案，但是配合治理结构构建的发展，比较可行的方案可以认为是引入哈贝马斯提出的协商民主。

协商民主的两个关键词:对话和交往,它虽然不能直接产生统一权力规范制度,制度构建仍然有待于不同层次的整合表达,但是在整合程序和过程中,配合"网络式"分散权力资源配置的制度结构,这种回归到权利个体的表达,从多元主体共同参与治理的权力配置以及运行过程来看,传统单一制结构中难以直接和决策权中心实行"建制化"权力互动的个体,此时是可以根据在权力强度分解配置过程中,多元治理主体实现直接权力互动的;反过来说,个体化的诉求由此便能够通过多元的权力互动成为统一权力强度配置决策中的直接信息来源。

从这样的认识出发,要为复合共识结构和利益共生机制创造有效表达,即提供有效的信息传递机制,就要从以下几个方面为"适度"单一制国家构建创造条件:

第一,从"最基本"的权力强度供给出发,来界定单一制国家介入社会的程度。

在构建"网络式"治理结构的过程中,要严格界定各级政权组织,尤其是政府的法治活动范围,明确责任制政府的职权、职责以及活动界限,区分政府在介入社会治理时的几种角色:当作为制度产品的提供者时,应当保证自己的利益无涉,"国家"(政府)在社会当中被看做是一种制度环境的提供者和维护者,其角色与其说是领导者,毋宁说是一种辅助者和协调性引导者(facilitative leadership)"。① 即使国家为了保证公共产品的市场供给,会参与到具体的市场利益分配过程中,在基本效益得到保证的前提下,应当严格限制国家公益性企业的逐利性,甚至可以适当引入社会自治组织与之形成有限的市场竞争关系。总之,在治理的语境下,单一制国家以及它为了获得社会实现而组建的各级权力组织,都只是对社会需求的回应者,应当严格限制它具体参与社会利益分配的过程中——自由本身就是一种不可衡量

---

① Stephen Greasley, Gerry Stoker: Mayors and Urban Governance: Developing a Facilitative Leadership Style. Public Administration Review, 2008, July/August: 722-723.

的利益，即使国家可以在数据上提供社会现实物质利益的增长，但也不能取代社会主体个体化的利益判断和价值取向，故此，国家在整合意义上促进数据化的利益增长，并不能成为国家涉足任何具体市场行为的充足正当理由，它只需要提供良好稳定的制度环境，让社会个体能够自由追求利益，就应当认为它尽到了基本权力强度制度供给的责任。

第二，只有国家在基本制度供给的层面介入社会，才可能使社会成员之间开展更充分的对话和交往。

一方面，国家的基本供给，在制度环境上为有效对话和交往提供了制度依据，否则交往只能变成无意义的"围观"，不可能成为制度构建中得到有效识别的制度诉求。另一方面，国家的基本供给，包括为社会成员提供平等交往和自主对话的基本条件，譬如提供社会福利保障，以免社会成员因为经济生活需求而将自己"商品化"而作出有悖于自由意志的表达；对单一制例外而言，因为和其他次国家单位相比，在社会发展和经济资源竞争等领域中处于劣势，而作出有悖于长远发展或本单位内社会成员需求的发展决策，例如签订不平等的合作协定，或者罔顾本区域内社会成员对特定历史遗迹的文化感情而将之作为促进经济绩效增长的房地产开发基地等一类行为，都需要国家介入，实施干预，防止社会对话和交往的过程被扭曲。而国家之所以可以在后一方面发挥这种功能，正需要它受到第一方面的"最基本"限制：一个利益无涉的国家，才可能是一个以权力强度配置推进公正价值实现的主体。

第三，"适度"是单一制国家的权力强度配置和社会达成良性互动的状态，此时，单一制国家需要根据发展变化的多元化需求，不断调整具体权力关系中的强度配置，所以要依靠对话和交往的不断循环，才能使协商民主促进"建制化"代议制民主不断指向有效表达。况且，任何制度构建都无法一蹴而就，只有动态上的不断互动，才能检验特定权力强度配置的规范化制度设计是否符合"善治"的一系列指标。

用规范化的程序机制来检验权力配置的有效性，整合不同社会共同体对统一国家具有差异性甚至分歧性的制度诉求,协调这些制度诉求背后,当代社会日益分化的利益和权利诉求之间的冲突,是立宪主义法治原则为当代所作出的理论贡献。毕竟,协商民主中交往和对话是以分散化的个体为基本单元的,协商也只有在有效影响决策结果的意义上才能构成对代议制民主的促进和改良,那么,要使分散的行为影响到规范制度,法治整合就是必要的环节。

对于我国来说,为不同层次社会共同体,尤其是社会自发性的治理组织,在权力强度配置机制中提供独立的表达空间,为它们创造规范的对话平台,对可能产生的争议提供规范的解决机制,是我国建立规范化程序机制检验权力配置有效性的第一步。在对话特别是争议中收集信息,对我国根据多元例外单位差异化权力诉求调整权力强度配置来说,尤其重要,它能够更完整地呈现整个权力强度配置体制运行过程各种权力关系的互动情况,提升我国中央政权统一决策权行使时所依赖的信息处理机制的效益,从而提升该决策权结果所产生的权力强度配置体制现实的运行效能。

这种程序机制的设置,从它在整个权力强度配置体系中的地位来看,它在技术层面能够及时为例外诉求的整合提供有效表达的渠道;从价值层面来看,这也是对单一制国家权力强度配置"权力"的监督,它能够间接地为社会个体化权利诉求提供救济渠道,是保证单一制国家中,单一制例外获得良好权力强度配置制度供给的必要保障。而就单一制国家层面来说,借助程序机制,使中央政权能够在正式的制度权威体系内,对权力强度配置实施调整,能够不断巩固社会对其权力效能的合法性认同,进而强化不同层次社会共同体对单一制国家政权的向心力。

参 考 文 献

（一）中文类

1. 著译作类

［1］《马克思恩格斯选集》（1-4 卷），人民出版社 1995 年版。

［2］《列宁全集》（第 2 卷，第 17 卷），人民出版社 1995 年版。

［3］《毛泽东文集》（第 7 卷），人民出版社 1999 年版。

［4］《邓小平文选》（第 3 卷），人民出版社 1993 年版。

［5］陈建樾、周竞红 主编：《族际政治在多民族国家的理论与实践》，社会科学文献出版社 2010 年版。

［6］陈晓枫 主编：《中国法律文化研究》，河南人民出版社 1993 年版。

［7］程念祺：《国家力量与中国经济的历史变迁》，新星出版社 2006 年版。

［8］邓宗豪：《欧洲一体化进程：历史、现状与启示》，四川大学出版社 2011 年版。

［9］董健：《超越国家：从主权破裂到新文明朦胧》，当代世界出版社 2002 年版。

［10］李程伟：《社会利益结构：政治控制研究的生态学视角》，中国政法大学出版社 2009 年版。

［11］韩大元：《亚洲立宪主义研究》（第二版），中国人民公安大学 2008 年版。

［12］洪霞：《欧洲的灵魂：欧洲认同与民族国家的重新整合》，中国大百科全书出版社 2010 年版。

［13］郭华榕：《法国政治制度史》，人民出版社 2004 年。

［14］李道刚：《欧洲：从民族国家到法的共同体》，山东人民出版社

2003 年版。

[15] 李学勤：《中国古代文明与国家形成研究》，中国社会科学出版社 2007 年版。

[16] 李煜兴：《区域行政规划研究》，法律出版社 2009 年版。

[17] 刘伟：《晚清督抚政治：中央与地方关系研究》，湖北教育出版社 2003 年版。

[18] 马胜利、邝杨 主编：《欧洲认同研究》，社会科学文献出版社 2008 年版。

[19] 宁骚：《民族与国家——民族关系与民族政策的国际比较》，北京大学出版社 1995 年版。

[20] 邱显平：《世界民族冲突问题研究》，江西人民出版社 2009 年版。

[21] 童之伟：《国家结构形式论》，武汉大学出版社 1997 年版。

[22] 王世杰、钱端升：《比较宪法》，中国政法大学出版社 1997 年版。

[23] 王绳祖 主编：《国际关系史》（十卷本），世界知识出版社 1995 年版。

[24] 阎照祥：《英国政治制度史》，人民出版社 1999 年版。

[25] 俞可平：《治理与善治》，社会科学文献出版社 2000 年版。

[26] 俞可平 主编、施雪华 著：《当代各国政治体制：英国》，兰州大学出版社 1998 年版。

[27] 俞可平 主编、任晓 著：《当代各国政治体制：韩国》，兰州大学出版社 1998 年版。

[28] 俞可平 主编、吴志成 著：《当代各国政治体制：德国和瑞士》，兰州大学出版社 1998 年版。

[29] 俞可平 主编、谭君久 著：《当代各国政治体制：美国》，兰州大学出版社 1998 年版。

[30] 俞可平 主编、刘小林 著：《当代各国政治体制：日本》，兰州大学出版社 1998 年版。

[31] 俞可平 主编、孔寒冰 著：《当代各国政治体制：俄罗斯》，兰

州大学出版社 1998 年版。

[32] 俞可平 主编、骆沙舟，吴崇伯 著：《当代各国政治体制：东南亚诸国》，兰州大学出版社 1998 年版。

[33] 俞可平 主编、金太军 著：《当代各国政治体制：南欧诸国》，兰州大学出版社 1998 年版。

[34] 俞可平 主编、王祖茂 著：《当代各国政治体制：北欧诸国》，兰州大学出版社 1998 年版。

[35] 俞可平 主编、吴国庆 著：《当代各国政治体制：法国》，兰州大学出版社 1998 年版。

[36] 余建华：《民族主义：历史遗产与时代风云的交汇》，学林出版社 1999 年版。

[37] 岳天明：《政治合法性问题研究：基于多民族国家的政治社会学分析》，中国社会科学出版社 2006 年版。

[38] 张士昌：《拿破仑帝国与欧洲一体化进程》，安徽人民出版社 2006 年版。

[39] 张静：《国家与社会》，浙江人民出版社 1998 年版。

[40] 张千帆：《西方宪政体系》，中国政法大学出版社 2000 年版。

[41] 赵云旗：《中国分税制财政体制研究》，经济科学出版社 2005 年版。

[42] 周叶中：《宪政中国研究》（上）、（下），武汉大学出版社 2006 年版。

[43] 朱贵昌：《多层治理理论与欧洲一体化》，山东大学出版社 2009 年版。

[44] ［瑞典］埃里克·阿姆纳、斯蒂格·蒙丁 主编：《趋向地方自治的新理念?——比较视角下的新近地方政府立法》，杨立华、张菡、吴瑕 译，朱天飚 校，北京大学出版社 2005 年版。

[45] ［美］安德鲁·莫劳夫奇克：《欧洲的抉择——社会目标和政府权力：从墨西拿到马斯特里赫特》，赵晨、陈志瑞 译，社会科学文献出版社 2008 年版。

[46] ［英］阿诺德·托因比、维罗尼卡·M. 托因比：《国际事务概

览：1939—1946·欧洲的重组》（上、下册），劳景素 译，上海译文出版社 1981 年版。

[47] ［美］B. 盖伊·彼得斯：《政府未来治理模式》，中国人民大学出版社 2001 年版。

[48] ［德］卡尔·施密特：《宪法学说》，刘锋 译，上海人民出版社 2005 年版。

[49] ［罗］康·康·朱雷斯库：《统一的罗马尼亚民族国家的形成》，陆象淦 译，人民出版社 1978 年版。

[50] ［美］道格拉斯·诺思、罗伯斯·托马斯：《西方世界的兴起》，厉以平，蔡磊 译，华夏出版社 2009 年版。

[51] ［美］道格拉斯·诺思、张五常 等著，［美］李·J. 阿尔斯通，［冰］思拉恩·埃格特森 等编：《制度变革的经济研究》（第 2 辑），罗仲伟 译，经济科学出版社 2003 年版。

[52] ［美］A. 爱伦·斯密德：《财产、权力和公共选择——对法和经济学的进一步思考》，黄祖辉、蒋文华、郭红东、宝贡敏 译，黄祖辉 校，上海三联书店、上海人民出版社 2006 年版。

[53] ［美］道格拉斯·G. 拜尔、罗伯特·H. 格特纳、兰德尔·C. 皮克：《法律的博弈分析》，严旭阳 译，法律出版社 2004 年版。

[54] ［比］热若尔·罗兰：《转型与经济学》，张帆、潘佐红 译，北京大学出版社 2002 年版。

[55] ［英］F. A. 哈耶克：《资本主义与历史学家》，秋风 译，吉林人民出版社 2003 年版。

[56] ［美］斯科特·拉什、约翰·厄里：《组织化资本主义的终结》，征庚圣、袁志田 等译，江苏人民出版社 2001 年版。

[57] ［美］杜赞奇：《从民族国家拯救历史：民族主义话语与中国现代史研究》，王宪明 译，社会科学文献出版社 2003 年版。

[58] ［美］弗朗西斯·福山：《国家构建：21 世纪的国家治理与世界秩序》，黄胜强、许铭原 译，中国社会科学出版社 2007 年版。

[59] ［美］菲利克斯·格罗斯：《公民与国家：民族、部族和族属身份》，王建娥、魏强 译，新华出版社 2003 年版。

[60] ［德］黑格尔：《法哲学原理：或自然法和国家学纲要》，范扬、张企泰 译，商务印书馆 2009 年版。

[61] ［英］弗里德里希·冯·哈耶克：《哈耶克文集》，邓正来 选编译，首都经济贸易大学出版社 2001 年版。

[62] ［英］弗里德里希·冯·哈耶克：《自由秩序原理》（上）、（下），邓正来 译，三联书店 1997 年版。

[63] ［英］霍布斯：《利维坦》，黎思复、黎廷弼 译，杨昌裕 校，商务印书馆 1986 年版。

[64] ［奥］凯尔森：《法与国家的一般理论》，沈宗灵 译，中国大百科全书出版社 1996 年版。

[65] ［美］汉密尔顿、杰伊、麦迪逊：《联邦党人文集》，程逢如、在汉、舒逊 译，商务印书馆 1982 年版。

[66] ［瑞士］J. 布莱泽：《地方分权——比较的视角》，肖艳辉、袁朝晖 译，温珍奎 校，中国方正出版社 2009 年版。

[67] ［英］约翰·霍夫曼：《主权》，陆彬 译，吉林人民出版社 2005 年版。

[68] ［美］詹姆斯·罗西瑙 主编：《没有政府统治的治理》，张胜军、刘小林等 译，江西人民出版社 2006 年版。

[69] ［德］考茨基：《民族国家、帝国主义国家和国家联盟》，何疆、王禹 译，三联书店 1963 年版。

[70] ［美］肯尼思·约瑟夫·阿罗：《社会选择：个性与多规则》，钱晓敏、孟岳良 译，张尧庭、钟路 审校，首都经济贸易大学出版社 2000 年版。

[71] ［法］路易·勃朗：《劳动组织》，何钦 译，商务印书馆 1983 年版。

[72] ［德］马克斯·韦伯：《新教伦理与资本主义精神》，阎克文 译，上海人民出版社 2010 年版。

[73] ［德］马克斯·韦伯：《经济与社会》（上）、（下），林荣远

译，商务印书馆 2004 年版。

[74] ［德］马克斯·韦伯、甘阳 编选：《民族国家与经济政策》，甘阳 等译，三联书店、牛津大学出版社 1997 年版。

[75] ［德］恩格斯：《家庭、私有制和国家的起源》，中共中央马克思、恩格斯、列宁、斯大林著作编译局 译，人民出版社 1999年版。

[76] ［加］卜正民、施恩德 编：《民族的构建：亚洲精英及其民族身份认同》，陈城 等译，吉林出版集团有限责任公司 2008年版。

[77] ［美］R. R. 帕默尔、乔·科尔顿、劳埃德·克莱默：《冷战到全球化：意识形态的终结?》，牛可、王晸、董正华 等译，世界图书出版公司 2011 年版。

[78] ［法］让·博丹：《主权论》，李卫海、钱俊文 译，北京大学出版社 2008 年版。

[79] ［英］安东尼·史密斯：《全球化时代的民族与民族主义》，龚维斌 等译，中央编译出版社 2003 年版。

[80] ［比］热若尔·罗兰：《转型与经济学》，张帆、潘佐红 译，北京大学出版社 2002 年版。

[81] ［法］卢梭：《社会契约论》，何兆武 译，商务印书馆 2003年版。

[82] ［英］安东尼·吉登斯：《民族——国家与暴力》，胡宗泽、赵力涛、王铭铭 译，三联书店 1998 年版。

[83] ［美］塞缪尔·亨廷顿：《文明点冲突与世界秩序的重建》，周琪、刘绯、张立平、王圆 译，新华出版社 1998 年版。

[84] ［美］西奥多·哥伦比斯、杰姆斯·沃尔夫：《权力和正义》，华夏出版社 1990 年。

[85] ［美］文森特·奥斯特罗姆：《复合共和制的政治理论》，上海三联书店 2005 年版。

[86] ［美］文森特·奥斯特罗姆、D. 菲尼、H. 皮希特 编：《制度分析与发展的反思——问题与抉择》，王诚 等译，商务印书馆

1992 年版。

［87］［美］Y. 巴泽尔：《产权的经济分析》，费方域、段毅才 译，格致出版社、上海三联书店、上海人民出版社 1997 年版。

［88］［德］尤尔根·哈贝马斯：《公共领域的结构转型》，曹卫东 等 译，学林出版社 1999 年版。

［89］［德］尤尔根·哈贝马斯：《合法化危机》，刘北成、曹卫东 译，上海人民出版社 2000 年版。

［90］［德］尤尔根·哈贝马斯：《在事实与规范之间：关于法律和民主法治国的商谈理论》，童世骏 译，三联书店 2003 年版。

［91］［斯洛文尼亚］齐泽克：《伊拉克：借来的壶》，涂险峰 译，三联书店 2008 年版。

［92］［斯洛文尼亚］齐泽克：《敏感的主体——政治本体论的缺席中心》，应奇 等译，江苏人民出版社 2005 年版。

［93］［法］米歇尔·福柯：《规训与惩罚》，刘北成、杨远婴 译，三联书店 2003 年版。

［94］［法］列维·布留尔：《原始思维》，丁由 译，商务印书馆 1997 年版。

   2. 期刊论文类

［1］陈孔立：《台湾历史的集体记忆与民众的复杂心态》，《台湾研究集刊》2003 年第 3 期。

［2］陈晓枫、苏艾平：《英国封建政治的特质与宪政的生成》，《法学评论》2007 年第 5 期。

［3］陈晓枫：《法律文化的概念：成果观与规则观辨析》，《江苏行政学院学报》2006 年第 1 期。

［4］罗岗：《"帝国"、国家与地方文化的命运》，《贵州社会科学》2009 年第 1 期。

［5］江国华：《中国宪法中的权力秩序》，《东方法学》2010 年第 4 期。

［6］江国华：《论宪法能力》，《法律科学》2010 年第 2 期。

［7］江国华：《权力秩序论》，《时代法学》2007 年第 2 期。

[8] 马仁锋、王筱春、张猛、刘修通:《主体功能区划方法体系建构研究》,《地域研究与开发》2010 年第 4 期。

[9] 秦前红、曾德军:《地方立法的主要问题及其反思——以湖北为例》,《江汉大学学报》(社会科学版) 2007 年第 2 期。

[10] 秦前红:《宪政视野下的中国立法模式变迁——从"变革性立法"走向"自治性立法"》,《中国法学》2005 年第 3 期。

[11] 权小锋、吴世农:《CEO 权力强度、信息披露质量与公司业绩的波动性》,《南开管理评论》2010 年第 4 期。

[12] 童之伟:《单一制、联邦制的理论评价和实践选择》,《法学研究》1996 年第 4 期。

[13] 王健:《构建新型区域政绩指标体系研究》,《国家行政学院学报》2011 年第 2 期。

[14] 殷啸虎:《论特别行政区制度与我国国家结构形式的关系》,《毛泽东邓小平理论研究》2010 年第 6 期。

[15] 周叶中、祝捷:《两岸治理:一个形成中的结构》,《法学评论》2010 年第 6 期。

[16] 周叶中、祝捷:《关于大陆和台湾政治关系定位的思考》,《河南省政法管理干部学院学报》2009 年第 3 期。

[17] 周叶中、祝捷:《论两岸和平协议的性质——中华民族认同基础上的法理认识》,《法学评论》2009 年第 2 期。

[18] 周叶中、祝捷:《论两岸关系和平发展框架的内涵——基于整合理论的思考》,《时代法学》2009 年第 1 期。

[19] 周叶中、田芳:《地方政权建设法治化初探》,《法学评论》2004 年第 3 期。

[20] 邹平学:《关于特别行政区制度研究的若干思考》,《政法论丛》2010 年第 6 期。

[21] 邹平学、潘亚鹏:《港澳特区终审权的宪法学思考》,《江苏行政学院学报》2010 年第 1 期。

[22] 邹平学:《香港基本法解释机制基本特征刍议》,《法学》2009 年第 5 期。

[23] ［英］鲍勃·杰索普（Bob Jessop）：《治理的兴起及其失败的风险：以经济发展为例的论述》，《国际社会科学》（中文版）1999 年第 2 期。

[24] ［瑞士］佛朗索瓦-格扎维尔·梅里安（Francois_ Xavier Merrien）：《治理问题与现代福利国家》，《国际社会科学》（中文版）1999 年第 1 期。

[25] ［英］格里·斯托克（Gerry Stoker）：《作为理论的治理：五个论点》，《国家社会科学》（中文版）1999 年第 2 期。

[26] ［美］罗西瑙（J. N. Rosenau）：《21 世纪的治理》，载《全球治理》1995 年创刊号。

[27] ［美］利娅·温：《俱往昔："后冲突时代"北爱尔兰既分享又竞争的诸种叙事》，《国际博物馆》2010 年第 2 期。

[28] ［美］罗茨（R. Rhodes）：《新的治理》，《政治研究》1996 年第 154 期。

（二）英文类

1. 著作类

[1] Goodin, Robert E.. *Reflective Democracy*. Australian National University, 2003.

[2] Sergei Prozorov. *Foucalt, Freedom and Sovereignty*. Petrozavodsk State University, Russia.

[3] Carl Schmitt. *Political Theology: Four Chapters on the Concept of Sovereignty*. Translated by George Schwab, the MIT Press, Cambridge, Massachusetts, and London, England, 1992.

[4] Douglas C. North. *Institutions, Institutional Change and Economic Performance*, Cambridge University Press, 1990.

[5] Chatterjee, Partha. *Nationalist Thought and the Colonial World: A Derivative Discourse?* London: Zed, 1986.

[6] Chatterjee, Partha. *The Nation and Its Fragments: Colonial and Postcolonial Histories*. Princeton: Princeton University Press, 1993.

[7] Jean-Jacques Dethier. *Governance, decentralization, and reform in China, India, and Russia.* Kluwer Academic Publishers, 2000.

[8] Lutz, Donald. *The Origins of American Constitutionalism.* Baton Rouge: Lousianna State University Press, 1988.

[9] Oates, Wallace. *The Political Economy of Fiscal Federalism.* Lexington, Massachusetts: Lexington Books, 1977.

[10] Olson, Mancur. *The Logic of Collective Action.* Cambridge, Mass: Harvard University Press, 1965.

[11] Tony Blair. *The Third Way: New Politics for New Century.* Fabian Society, 1998.

[12] Tribe, L.. *American Constitutional Law.* Mineola, New York: Foundation Press, 1978.

2. 期刊论文类

[1] Stephen Tierney. *Giving with one hand: Scottish devolution within a unitary state.* International Journal of Constitutional Law, 2007, 5(4): 730-753.

[2] Andrea Di Main. *Move Joined-Up Government from Theory to Reality.* http://www. gartner. com/research/spotlight/asset_112703_895. jsp (2006-11-21)

[3] Phil Syrpis. *In Defence of Subsidiary.* Oxford Journal of Legal Studies, 2004, 24(2): 322-334.

[4] Angel R. Oquendo. *Deliberative Democracy in Habermas and Nino.* Oxford Jouranl of Legal Studies, 2002, 22(2):189-226.

[5] Anthony Ogus. *Rethinking Self-Regulation.* Oxford Journal of Legal Studies, 1995, 15(1):97-108.

[6] Bob Jessop. *Capitalism and its future: remarks on regulation, government and governance.* Review of International Political Economy 4:3 Autumn 1997: 561-581.

[7] Boraaz, Olivier, and Peter John. *The Transformation of Urban Political Leadership in Western Europe.* Internantional Journal of Urban and

Regional Research 2004, 28(1): 107-120.

[8] Christopher Pollit. *Joined-Up Government: a Survey*. Political Studies Review, 2003, (1): 34-49.

[9] David G. Barnum, John L. Sullivan, Maurice Sunkin. *Constitutional and Cultural Underpinnings of Political Freedom in the Britain and the United States*. Oxford Journal of Legal Studies, 1992, 12 (3): 362-379.

[10] Kenneth Hanf: *Deregulation as regulatory reform: the case of environmental policy in the Netherlands*. European Journal of Political Research, Vol. 17, March 1989:193-207.

[11] Jay R. Galbraith. *Organization Design: An Information Processing View*. In Interfaces, Vol. 4, No. 3 (May, 1974): 28-36.

[12] David Richards. *Can Joined-Up Government be a Reality? A Case Study of the British Labour Government 1997—2000*. Australian Political Studies Association 2000 Conference, the Australian National University, October, 2000. http://apsa2000. anu. edu. au/confpapers/richards. rtf (2006-11-16).

[13] Elazar, Daniel J. *Community Self-Government and the Crisis of American Politics*, Ethics, 81(Jan.):91-106.

[14] Gerry Stoker, and Stephen Greasley. *Mayors and Urban Governance: Developing a Facilitative Leadership Style*. Public Administration Review, July/August, 2008: 722-730.

[15] Gerry Stoker, and Karen Mossberger. *The Evolution of Urban Regime Theory: The Challenge of Conceptualization*. Urban Affairs Review 2001, 36(6): 810-835.

[16] Michel Rosenfeld. *Rethinking constitutional ordering in an era of legal and ideological pluralism*. International Jouranl of Constitutional Law, 2008, 6(3&4): 415-455.

[17] Phil Syrpis . *In Defence of Subsidiarity*. Oxford Journal of Legal Studies, 2004, 24(2):32-334.

[18] Stephen Tierney. *Giving with one hand: Scottish devolution within a unitary state.* International Journal of Constitutional Law, 2007, 5 (4):730-753.

[19] Richard Posner. *Federalism, Economics and Katrina.* http://www. becker-posner-blog. com/2005/10/federalism-economics-and-katrina—posner. html (10/09/2005)

[20] Vivien Lownds, and Steve Leach. *Understanding Local Political Leadership: Constitutions, Contexts and Capabilities.* Local Government Studies 2004, 30(4): 557-575.